FÜGLEIN · PERPELITZ

Das Nachbarrecht in Hessen

Das Nachbarrecht in Hessen

mit Übersichten und Abbildungen

Dr. iur. Frank Füglein
Richter am Amtsgericht Frankfurt

Sabrina Perpelitz, LL. M
Rechtsanwältin sowie Mediatorin

begründet und bis zur 14. Auflage erläutert von
Ministerialrat a. D. Dr. Rudolf Hoof †

fortgeführt bis zur 21. Auflage von
Ltd. Ministerialrat a. D. Rechtsanwalt Peter Keil †

22., überarbeitete Auflage, 2019

BOORBERG

Bibliografische Information der Deutschen Nationalbibliothek | Die Deutsche Nationalbibliothek verzeichnet diese Publikation in der Deutschen Nationalbibliografie; detaillierte bibliografische Daten sind im Internet über www.dnb.de abrufbar.

22. Auflage, 2019
ISBN 978-3-415-06384-6

Titelfoto: © RBV/zimmytws – fotolia | Satz: Olaf Mangold Text&Typo, 70374 Stuttgart | Druck und Bindung: Laupp & Göbel, Robert-Bosch-Straße 42, 72810 Gomaringen

Richard Boorberg Verlag GmbH & Co KG | Scharrstraße 2 | 70563 Stuttgart
Stuttgart | München | Hannover | Berlin | Weimar | Dresden
www.boorberg.de

Vorwort

„Es kann der Frömmste nicht in Frieden leben, wenn es dem bösen Nachbarn nicht gefällt“ (Friedrich Schiller).

Bereits dieses Zitat zeigt in aller Deutlichkeit, dass Rechte und Pflichten zwischen Nachbarn für reichlich juristischen Sprengstoff sorgen können. Nachbarrechtliche Klagen überfluten die Gerichte, wie die Autoren aus eigener täglicher Erfahrung berichten können. Doch wie sehen meine Rechte und Pflichten als Nachbar in Hessen eigentlich aus? Was genau muss oder darf ich tun, was muss ich dulden?

Das Hessische Nachbarrechtsgesetz vom 24.09.1962 (GVBl. I S. 417) mit Änderungen vom 16.03.1970 (GVBl. I S. 234), vom 25.09.1990 (GVBl. I S. 563), vom 10.12.2009 (GVBl. I S. 631) und vom 28.09.2014 (GVBl. II, S. 231) hat der zuvor bestehenden Unübersichtlichkeit der nachbarrechtlichen Vorschriften ein Ende bereitet. Es stellt den Nachbarrechts-Bestimmungen der §§ 903 bis 924 des Bürgerlichen Gesetzbuches übersichtliche landesrechtliche Regelungen zur Seite und trat am 01.11.1962 in Kraft; die neuen §§ 10a und 10b sowie die Neufassung des § 43 sind am 11.12.2009 in Kraft getreten. Zuletzt wurden im Jahre 2014 die §§ 40, 49 geändert.

Das vorliegende Erläuterungswerk wurde von dem inzwischen verstorbenen Ministerialrat a.D. Dr. Rudolf Hoof begründet, seit der 15. Auflage von dem verstorbenen Ltd. Ministerialrat a.D., Rechtsanwalt Peter Keil und seit der 22. überarbeiteten Auflage von Richter am Amtsgericht Dr. iur. Frank Füglein und Rechtsanwältin sowie Mediatorin Sabrina Perpelitz, LL.M., fortgeführt.

Wie bisher ist es Ziel der Schrift, dem großen Kreis der Interessenten, insbesondere den Grundstückseigentümern, Gartenbesitzern, Landwirten und Pächtern, ferner Bürgermeistern und Ortsgerichtsmitgliedern, die oft mit dem Nachbarrecht zu tun haben, ein zuverlässiges Hilfsmittel an die Hand zu geben. Sie erhalten durch klare Erläuterungen die Möglichkeit, sich selbst über das in Hessen geltende Recht zu unterrichten. Die beigegebenen Übersichten und Abbildungen sollen zu einem besseren Verständnis der Vorschriften beitragen. Von besonderem Interesse dürfte das Erläuterungswerk auch für die hessischen Schiedsmänner und -frauen sein, da nach dem Hessischen Gesetz zur Regelung der außergerichtlichen Streitschlichtung seit 01.06.2001 bei zahlreichen nachbarrechtlichen Streitigkeiten eine Klage erst zulässig ist, wenn zuvor ein erfolgloser Schlichtungsversuch bei dem Schiedsamt (oder einer sonstigen sog. Gütestelle) stattgefunden hat.

Besonders hinzuweisen ist auf die neuen §§ 10a und 10b, die den aktuellen Entwicklungen auf dem Gebiet der Energieeffizienz und des Klimaschutzes – auch im Zusammenhang mit dem Energiepass – dienen sollen.

Soweit es erforderlich war und angängig erschien, wird zur Ergänzung des eigentlichen Sachgebiets auch auf öffentlich-rechtliche Vorschriften eingegangen, die in die nachbarrechtlichen Verhältnisse eingreifen, insbesondere auf die Hessische Bauordnung.

Bad Soden am Taunus, im Januar 2019
Dr. iur. Frank Füglein, Sabrina Perpelitz, LL.M.

Inhaltsverzeichnis

Abkürzungen

a. a. O.	am angegebenen Ort
Abb.	Abbildung
Abt.	Abteilung
AG	Ausführungsgesetz
Allg. LandR	Allgemeines Landrecht
Art.	Artikel
BauGB	Baugesetzbuch i. d. F. vom 23.09.2004 (BGBl. I S. 2414), zuletzt geändert durch Gesetz vom 03.11.2017 (BGBl. I S. 3634)
BauNVO	Baunutzungsverordnung i. d. F. vom 23.01.1990 (BGBl. I S. 132), zuletzt geändert durch Gesetz vom 21.11.2017 (BGBl. I S. 3786)
BauO	Bauordnung
BGB	Bürgerliches Gesetzbuch i. d. F. vom 02.01.2002 (BGBl. I S. 42, 2909), zuletzt geändert durch Gesetz vom 18.12.2018 (BGBl. I S. 2651)
BGBl.	Bundesgesetzblatt
BGH	Bundesgerichtshof
BGHZ	Entscheidungen des Bundesgerichtshofs in Zivilsachen
BImSchG	Bundes-Immissionsschutzgesetz i. d. F. vom 26.09.2002 (BGBl. I S. 3830), zuletzt geändert durch Gesetz vom 18.07.2017 (BGBl. I S. 2771)
BNatSchG	Bundesnaturschutzgesetz, Artikel 1 des Gesetzes vom 29.07.2009 (BGBl. I S. 2542), zuletzt geändert durch Gesetz vom 15.09.2017 (BGBl. I S. 3434)
DVO	Durchführungsverordnung
DWW	Deutsche Wohnungswirtschaft
EG	Einführungsgesetz

EGBGB	Einführungsgesetz zum Bürgerlichen Gesetzbuch i. d. F. vom 21.09.1994 (BGBl. S. 2494), zuletzt geändert durch Gesetz vom 18.12.2018 (BGBl. I S. 2648)
EGZPO	Gesetz betreffend die Einführung der Zivilprozessordnung vom 30.01.1877 (RGBl. S. 244), zuletzt geändert durch Gesetz vom 18.12.2018 (BGBl. I S. 2639)
FlurbG	Flurbereinigungsgesetz i. d. F. vom 16.03.1976 (BGBl. I S. 546), zuletzt geändert durch Gesetz vom 19.12.2008 (BGBl. I S. 2794)
FStrG	Bundesfernstraßengesetz i. d. F. vom 28.06.2007 (BGBl. I S. 1206), zuletzt geändert durch Gesetz vom 29.11.2018 (BGBl. I S. 2237)
G	Gesetz
GewO	Gewerbeordnung i. d. F. vom 22.02.1999 (BGBl. I S. 202), zuletzt geändert durch Gesetz vom 29.11.2018 (BGBl. I S. 2666)
GMBl.	Gemeinsames Ministerialblatt der Bundesministerien
GS	Gesetzessammlung
GVBl.	Gesetz- und Verordnungsblatt für das Land Hessen
HBO	Hessische Bauordnung vom 18.06.2002 (GVBl. I S. 274), zuletzt geändert am 28.05.2018 (Hess. GVBl. S. 198)
Hess.AGBGB	Hess. Ausführungsgesetz zum Bürgerlichen Gesetzbuch vom 08.12.1984 (GVBl. I S. 344), zuletzt geändert durch Artikel 3 des Gesetzes vom 05.10.2017 (GVBl. II 230-5)
Hess.NRG	Hessisches Nachbarrechtsgesetz vom 24.09.1962 (GVBl. I S. 417), zuletzt geändert durch Artikel 3 des Gesetzes vom 28.09.2014 (GVBl. II 231-36)
Hess. Reg.Bl.	Regierungsblatt des früheren Großherzogtums und späteren Volksstaates Hessen

HStrG	Hessisches Straßengesetz i. d. F. vom 08.06.2003 (GVBl. I S. 166), zuletzt geändert durch Artikel 4 des Gesetzes vom 28.05.2018 (GVBl. S. 198)
HSchAG	Hessisches Schiedsamtsgesetz vom 23.03.1994 (GVBl. I S. 148), zuletzt geändert durch Artikel 2 des Gesetzes vom 22.08.2018 (Hess. GVBl. S. 362)
HWG	Hessisches Wassergesetz vom 14.12.2010 (GVBl. I S. 548), zuletzt geändert durch Artikel 1 des Gesetzes vom 22.08.2018 (GVBl. S. 366)
i. d. F.	in der Fassung
i. S.	im Sinne
Kap.	Kapitel
Kurhess.	Kurhessisch
LG	Landgericht
MDR	Monatsschrift für Deutsches Recht
NRG	Nachbarrechtsgesetz
NJW	Neue Juristische Wochenschrift
NJW-RR	Neue Juristische Wochenschrift – Rechtsprechungsreport Zivilrecht
NVwZ	Neue Zeitschrift für Verwaltungsrecht
OLG	Oberlandesgericht
OLGR	OLGReport Frankfurt (Schnelldienst zur Zivilrechtsprechung des OLG Frankfurt a. M.)
Pr., Preuß.	Preußisch
Preuß.AGBGB	Preußisches Ausführungsgesetz zum Bürgerlichen Gesetzbuch
Preuß.GS	Preußische Gesetzsammlung
Preuß. WasserG	Preußisches Wassergesetz
Reg. Bl.	Regierungsblatt
RGBl.	Reichsgesetzblatt
RGZ	Entscheidungen des Reichsgerichts in Zivilsachen

StGB	Strafgesetzbuch i. d. F. vom 13.11.1998 (BGBl. I S. 3322), zuletzt geändert durch Gesetz vom 18.12.2018 (BGBl. I S. 2639)
VersR	Versicherungsrecht
VO	Verordnung
Vorbem.	Vorbemerkung
VwGO	Verwaltungsgerichtsordnung i. d. F. vom 19.03.1991 (BGBl. I S. 686), zuletzt geändert durch Gesetz vom 12.07.2018 (BGBl. I S. 1151)
WHG	Wasserhaushaltsgesetz vom 31.07.2009 (BGBl. I S. 2585), zuletzt geändert durch Gesetz vom 04.12.2018 (BGBl. I S. 2254)
WiGBl.	Gesetzblatt der Verwaltung des Vereinigten Wirtschaftsgebietes
ZMR	Zeitschrift für Miet- und Raumrecht
ZPO	Zivilprozessordnung i. d. F. vom 05.12.2005 (BGBl. I S. 3202), zuletzt geändert durch Gesetz vom 19.12.2018 (BGBl. I S. 2707)

I. Einleitung

1. Unter Nachbarrecht versteht man den Inbegriff aller Rechtssätze, die auf der Grundlage des nachbarlichen Gemeinschaftsverhältnisses einen angemessenen Ausgleich der widerstreitenden Interessen der Nachbarn suchen. Das Nachbarrecht ist ein Teil des *bürgerlichen* Rechts. Es greifen aber auch öffentlich-rechtliche Vorschriften (z.B. die Gewerbeordnung, das Bundes-Immissionsschutzgesetz, das Hessische Wassergesetz, die Hessische Bauordnung) in diese Beziehungen der Nachbarn ein. Das *Bürgerliche Gesetzbuch* selbst regelt allerdings in seinen §§ 903 bis 924 nur einen Teil der nachbarrechtlichen Tatbestände. Daneben werden durch Art. 124 EGBGB die landesgesetzlichen Vorschriften aufrechterhalten,

> „welche das Eigentum an Grundstücken zugunsten der Nachbarn noch anderen als den im Bürgerlichen Gesetzbuch enthaltenen Beschränkungen unterwerfen, … insbesondere … nach welchen Anlagen sowie Bäume und Sträucher nur in einem bestimmten Abstand von der Grenze gehalten werden dürfen".

Im Rahmen dieses Vorbehalts können gemäß Art. 1 Abs. 2 (bis 31.08.1986: Art. 3) EGBGB auch neue landesgesetzliche Vorschriften erlassen werden, und von dieser Kompetenz haben fast alle Landesgesetzgeber Gebrauch gemacht.

2. Das am 01.11.1962 in Kraft getretene Hessische Nachbarrechtsgesetz vom 24.09.1962 (GVBl. I S. 417) hat die Rechtszersplitterung auf dem nachbarrechtlichen Gebiet beseitigt und – unter Berücksichtigung moderner Erkenntnisse und Erfahrungen auf baurechtlichem Gebiet – ein einheitliches Nachbarrecht für Hessen geschaffen. Die früheren, dem Hess.NRG entgegenstehenden Bestimmungen wurden aufgehoben (§ 48 Hess.NRG). Die oben erwähnten Vorschriften des Bürgerlichen Gesetzbuchs gelten jedoch weiterhin. Sie sind in der folgenden Darstellung berücksichtigt.

3. Die rechtsgeschichtliche Entwicklung der Gebiete, die im heutigen Land Hessen zusammengefasst sind, war die Ursache dafür, dass in Hessen bis zum Jahre 1962 keine einheitlichen Vorschriften galten. Die nachbarrechtlichen Normen mussten einer Vielzahl von Rechtsordnungen entnommen werden, deren Rechtswirksamkeit sich jeweils nur auf kleine Teilgebiete des Landes Hessen erstreckte. Auf den Geltungsbereich des früheren Rechts ist hier kurz einzugehen, da er für die Anwendung der Überleitungsbestimmungen des Hess.NRG (vgl. § 13, § 16 Abs. 2, § 46) von Bedeutung ist. Nach der amtlichen Begründung zum Hess.NRG kommen folgende Rechtsgebiete und Rechtsnormen in Betracht (Landtags-Drucksache Abt. I Nr. 1092/IV. Wahlperiode):

> Das frühere Großherzogtum Hessen schuf zum 1. Januar 1900 bereits in den Art. 82 bis 89 und Art. 278 seines Ausführungsgesetzes zum BGB ein einheitliches Landesnachbarrecht und hob damit zahlreiche, in seinem Bereich gültig gewesene partikulare Rechtsordnungen auf. Soweit es sich gebietsmäßig mit dem heutigen Land Hessen deckt, wurden allein zwölf verschiedene partikulare Rechtsordnungen von der Aufhebung betroffen (vgl. Art. 286 Abs. 1 Ziff. 1 bis 5, Ziff. 7 bis 10, Ziff. 12 und Abs. 2 Ziff. 2 Hess.AGBGB a. F.); außerdem wurden die nachbarrechtlichen Vorschriften des Gemeinen Rechts beseitigt (Art. 286 I Ziff. 11e Hess.AGBGB a. F.). Neben den das Nachbarrecht vereinheitlichenden Vorschriften blieben aber in den Artikeln 209 ff. Hess.AGBGB a. F. für das Gebiet von Rheinhessen, dessen rechtsrheinisch gelegene Gemeinden bei der Neueinteilung der Länder im Jahre 1945 den Landkreisen Bergstraße und Groß Gerau sowie dem Stadtkreis Wiesbaden und damit dem Land Hessen zugeschlagen wurden, gewisse Ausnahmebestimmungen bestehen. Als nachbarrechtliche Vorschrift enthalten diese aber nur den Art. 215, der sich mit Rechtsverhältnissen von Mauern befasst, die am 1. Januar 1900 im Bau befindlich waren; diese Bestimmung kann daher als gegenstandslos außer Betracht bleiben. Ferner gehört das in den Art. 216 bis 219 normierte Stockwerkseigentum nicht zum Nachbarrecht im eigentlichen Sinne; dieses wurde daher durch ein besonderes Gesetz in heutige Rechtsformen übergeleitet. Für das Gebiet des früheren Hessen-Darmstadt, soweit es sich mit dem heutigen Land Hessen deckt,

stellten somit praktisch nur die Art. 82 bis 89 und Art. 278 Hess. AGBGB a. F. die Quellen des partikularen Nachbarrechts dar.

Im westlichen Teil des Landes Hessen galten weitere sieben partikulare Rechtsordnungen: das Kurmainzer Landrecht, das Kurtrierer Landrecht, das Eppsteiner Recht, das Solmser Landrecht, das Katzenelnbogische Landrecht, das Nassauische Recht und subsidiär das Gemeine Recht.

Im Frankfurter Gebiet galt das Frankfurter Partikularrecht.

In den Kreisen Schlüchtern, Fulda (einschließlich des Gebiets um Gersfeld), Hünfeld und in einem Teil des Kreises Lauterbach war das Fuldische Recht anwendbar.

In dem noch übrigen Gebiet des ehemaligen Kurhessen galt das Kurhessische Recht.

In den Gemeinden Neuseesen und Werleshausen, die 1945 vom Kreis Heiligenstadt (Bezirk Erfurt) abgetrennt und dem Lande Hessen zugeteilt wurden, galt das Preußische Allgemeine Landrecht, das durch Patent vom 24. März 1803 und später erneut mit Wirkung vom 1. Januar 1815 in Erfurt und im Eichsfeld eingeführt war.

Nach 1866 kam für den damals preußisch gewordenen Teil Hessens als weitere Rechtsquelle die preußische Gesetzgebung hinzu. Das Preußische Recht wurde ferner im Freistaat Waldeck eingeführt, als dieser gemäß dem Staatsvertrag vom 23. März 1928 durch Gesetz vom 25. Juli 1928 (Preußische Gesetzsammlung S. 179) Preußen eingegliedert wurde; dabei wurden gleichzeitig alle entgegenstehenden Gesetze, Verordnungen und Verwaltungsvorschriften des Freistaats Waldeck aufgehoben; die wenigen zugunsten des früheren Rechts gemachten Vorbehalte betrafen keine nachbarrechtlichen Tatbestände.

Näheres über den Geltungsbereich des früheren Landrechts ergibt sich aus Kissel, Neuere Territorial- und Rechtsgeschichte des Landes Hessen.

4. Das Hess.NRG regelt die Verhältnisse der Nachbarwand (§§ 1 bis 7), der Grenzwand (§§ 8 bis 10) und der über die Grenze gebauten Wand (§ 10 b), die Wärmedämmung (§ 10 a), das Fenster- und Lichtrecht (§§ 11 bis 13), die Einfriedung (§§ 14 bis 19), die Ein-

wirkungen auf den Grundwasserspiegel (§ 20), Veränderungen bei dem Zu- und Abfluss wild abfließenden Wassers (§§ 21 bis 25), das Dachtraufenrecht (§§ 26 bis 27), das Hammerschlags- und Leiterrecht (§§ 28 bis 29), das Recht zur Durchführung von Leitungen durch fremde Grundstücke (§§ 30 bis 35), das Höherführen von Schornsteinen und Lüftungsschächten zur Erzielung der notwendigen Zug- und Saugwirkung (§§ 36 bis 37) sowie die Grenzabstände für Pflanzen (§§ 38 bis 44).

5. *Nicht geregelt* ist im Hess.NRG das *Anwende-* oder *Schwengelrecht* (vgl. Abschn. VII Vorbem. 1 c und Anm. 3 zu § 16 Hess.NRG), auch Tret-, Kehr- oder Pflugrecht genannt. Es handelt sich hierbei um das Recht des Grundstückseigentümers, auf dem Grundstück des Nachbarn mit dem Pflug bzw. mit dem Pflug und dem Spannvieh umwenden zu dürfen.

Dieses Recht bestand in einigen Partikularrechten kraft Gesetzes oder Gewohnheitsrechts, z. T. allerdings als Dienstbarkeit. Die bisherige Entwicklung in Nassau, Preußen und sonstigen Rechtsgebieten hat gezeigt, dass die allgemeine Tendenz auf eine allmähliche Beseitigung des Anwenderechts in seinen verschiedenen Formen gerichtet ist. Da auch die weitgehend vorgenommene Umlegung ein Bedürfnis für eine Beibehaltung dieses Rechts nicht mehr hat hervortreten lassen, sind dahingehende Regelungen als entbehrlich angesehen worden.

6. Das Hess.NRG regelt auch nicht das Recht der *engen Reihe, Winkel* oder *Schluchten*. Hierunter versteht man schmale Zwischenräume zwischen Gebäuden benachbarter Grundstücke. Ihrem Zweck nach kann es sich beispielsweise um Feuergassen, Lichtschächte, Abflussgelegenheiten für Regen- oder Spülwasser handeln.

Enge Reihen usw. sind noch häufig auf dem Land anzutreffen. Ihre allmähliche Beseitigung erscheint erwünscht. Dieses Ziel suchen die Baubehörden dadurch zu erreichen, dass sie beispielsweise in den Fällen, in denen eines der beiden Gebäude baufällig geworden ist, die Auflage machen, die Hälfte des Winkels zu überbauen und gegebenenfalls auf dieser Halbierungslinie eine gemeinsame Wand (Brandmauer) zu errichten.

Die Aufnahme von Vorschriften über *enge Reihen* usw. in das Hess. NRG war nicht möglich, weil das BGB bereits hinreichende Regelungen enthält, und zwar für den Fall, dass die *enge Reihe* Alleineigentum eines der Nachbarn ist, im Miteigentum beider Nachbarn steht oder es sich um eine echte Grenzeinrichtung im Sinne der §§ 921, 922 BGB handelt.

7. Die Regierungsvorlage des Hess.NRG enthielt eine Regelung über das Lagern von Holz, Brettern und anderen Stoffen und schrieb hierfür die Einhaltung eines bestimmten Grenzabstandes vor (Landtags-Drucksache Abt. I Nr. 1092/IV. Wahlperiode).

Der Hessische Landtag hat diese Vorschrift jedoch nicht übernommen, sie ist also nicht Gesetz geworden. Dies war nicht erforderlich, weil im Partikularrecht eine dahingehende Regelung nicht bestand und bereits die PolizeiVO vom 18.05.1940 (RGBl. I S. 792) in der Fassung der Hess. ÄnderungsVO vom 27.09.1957 (GVBl. S. 144) aus feuerpolizeilichen Gründen bestimmte Abstände für das Lagern von ungedroschenem Getreide, Stroh, Heu, Flachs usw. vorschrieb (inzwischen allerdings aufgehoben durch VO vom 03.12.1965 – GVBl. I S. 330 –), im Übrigen aber die allgemeinen Vorschriften ausreichen, um Unzuträglichkeiten für die Nachbarn auszuschließen; vgl. auch § 45 HBO.

8. Eine Abgrenzung zum *öffentlichen Baurecht* sieht das Hess.NRG nicht vor. Die Bauaufsichtsbehörden haben die bei ihr eingereichten Baugesuche und Baubefreiungsanträge nicht unter nachbarrechtlichen Gesichtspunkten zu prüfen. Der Bauherr muss daher vor Baubeginn prüfen, ob der Verwirklichung seines Bauvorhabens entsprechend dem erteilten Baubescheid keine *nachbarrechtlichen* Vorschriften entgegenstehen. Stimmt die beabsichtigte Bauausfüh-

rung nicht mit dem Bescheid der Bauaufsichtsbehörde überein, so wird diese das Weiterbauen verbieten. Wenn dagegen *nachbarrechtliche* Vorschriften dem Bauvorhaben entgegenstehen, so muss sich der Bauherr mit dem *Nachbarn* einigen, sonst kann dieser durch *zivilgerichtliche* Entscheidung das Weiterbauen untersagen lassen und gegebenenfalls die Beseitigung der eingetretenen Beeinträchtigung durchsetzen.

9. Auch das *öffentliche Recht* gibt dem Nachbarn die Möglichkeit, in gewissem – wenn auch beschränktem – Umfang der Bauaufsichtsbehörde gegenüber Einwendungen gegen die ihr vorliegenden Baugesuche und Baubefreiungsanträge vorzubringen. Er kann evtl. sogar gegen Bescheide der Bauaufsichtsbehörde, die seine Rechte beeinträchtigen, durch Klage beim *Verwaltungsgericht* vorgehen.

Zwar kann nach herrschender Meinung eine Beeinträchtigung des Nachbarn dann nicht angenommen werden, wenn das Baurecht unverändert, das heißt ohne Dispensgewährung im Einzelfall, zur Anwendung kommt. Denn der Bescheid der Bauaufsichtsbehörde bedeutet in diesem Fall nur, dass öffentlich-rechtliche Hindernisse dem Bauvorhaben nicht entgegenstehen. Die Rechtsstellung des Nachbarn wird auch nicht verletzt oder gefährdet, wenn Dispens oder Ausnahmebewilligung von solchen Vorschriften der Bauordnung erteilt wird, die nicht dem ausschließlichen oder teilweisen *Schutz des Nachbarn* dienen.

Eine Klageberechtigung wird jedoch eingeräumt, wenn die Bauaufsichtsbehörde Dispens von Vorschriften gewährt hat, die entweder ausschließlich oder wenigstens zum Teil die Interessen des Nachbarn schützen sollen (siehe unten). In diesem Fall eines sog. Verwaltungsakts mit Doppelwirkung kann der Nachbar auch eine verwaltungsgerichtliche Eilentscheidung nach § 80a VwGO erwirken. Welche Vorschriften in diesem Sinne als nachbarschützend in Betracht kommen, steht nicht eindeutig fest. Aber auch wenn der nachbarschützende Charakter einer Vorschrift bejaht wird, kann eine Klage des beeinträchtigten Nachbarn nur dann Erfolg haben, wenn die Ausnahme zu Unrecht zugelassen bzw. die Befreiung unberechtigt gewährt worden ist (vgl. §§ 62, 63 HBO). Ein solcher Verstoß kann nicht angenommen werden, wenn die Bauaufsichtsbehörde im Rahmen des zulässigen Ermessens gehandelt hat, ein Ermessensmissbrauch also nicht vorliegt. Vgl. hierzu das Urteil des OVG Münster vom 05.03.1963 (NJW 1964 S. 74).

Als nachbarschützend kommen folgende Vorschriften in Betracht:

§ 15 Abs. 1 der BaunutzungsVO

Die in den §§ 2 bis 14 aufgeführten baulichen und sonstigen Anlagen sind im Einzelfall unzulässig, wenn sie nach Anzahl, Lage, Umfang oder Zweckbestimmung der Eigenart des Baugebietes widersprechen. Sie sind auch unzulässig, wenn von ihnen Belästigungen oder Störungen ausgehen können, die nach der Eigenart des Baugebietes im Baugebiet selbst oder in dessen Umgebung unzumutbar sind oder wenn sie solchen Belästigungen oder Störungen ausgesetzt werden.

§ 3 HBO
Allgemeine Anforderungen

Anlagen sind so anzuordnen, zu errichten, zu ändern und instand zu halten, dass die öffentliche Sicherheit und Ordnung, insbesondere Leben, Gesundheit und die natürlichen Lebensgrundlagen nicht gefährdet werden. Dabei sind die Grundanforderungen an Bauwerke nach Anhang I der Verordnung (EU) Nr. 305/2011 zu berücksichtigen. Dies gilt auch für die Beseitigung von Anlagen und bei der Änderung ihrer Nutzung.

§ 4 HBO
Bebauung der Grundstücke

(1) Gebäude dürfen nur errichtet werden, wenn gesichert ist, dass ab Beginn ihrer Nutzung das Grundstück in für die Zufahrt und den Einsatz von Feuerlösch- und Rettungsgeräten ausreichender Breite an einer befahrbaren öffentlichen Verkehrsfläche liegt oder eine befahrbare, öffentlich-rechtlich gesicherte Zufahrt in ausreichender Breite zu einer solchen Verkehrsfläche hat. Wohnwege, an denen nur Wohngebäude der Gebäudeklassen

1 bis 3 zulässig sind, brauchen nur befahrbar zu sein, wenn sie länger als 50 m sind.

(2) Die Errichtung eines Gebäudes auf mehreren Grundstücken ist nur zulässig, wenn öffentlich-rechtlich gesichert ist, dass keine Verhältnisse eintreten können, die den Vorschriften dieses Gesetzes oder den aufgrund dieses Gesetzes erlassenen Vorschriften zuwiderlaufen, und das Gebäude auf den Grundstücken diesen Vorschriften so entspricht, als wären die Grundstücke ein Grundstück. Dies gilt bei bestehenden Gebäuden nicht für eine Außenwand- und Dachdämmung. Satz 2 gilt entsprechend für die mit der Wärmedämmung zusammenhängenden notwendigen Änderungen von Bauteilen. Eine nach Satz 2 zulässige Überbauung ändert die Abstandsfläche des Gebäudes nicht.

§ 6 HBO
Abstandsflächen und Abstände

(1) Vor den oberirdischen Außenwänden von Gebäuden sind Flächen von oberirdischen Gebäuden freizuhalten (Abstandsflächen). Abstandsflächen sind nicht erforderlich vor Außenwänden, die an Nachbargrenzen errichtet werden, wenn nach planungsrechtlichen Vorschriften

1. das Gebäude an die Grenze gebaut werden muss oder
2. das Gebäude an die Grenze gebaut werden darf und öffentlich-rechtlich gesichert ist, dass vom Nachbargrundstück angebaut wird.

Darf nach planungsrechtlichen Vorschriften nicht an die Nachbargrenze gebaut werden, ist aber auf dem Nachbargrundstück ein Gebäude an der Grenze vorhanden, kann gestattet oder verlangt werden, dass angebaut wird. Muss nach planungsrechtlichen Vorschriften an die Nachbargrenze gebaut werden, ist aber auf dem Nachbargrundstück ein Gebäude mit Abstand zu dieser Grenze vorhanden, kann gestattet oder verlangt werden, dass eine Abstandsfläche eingehalten wird. Nachbargrenzen sind Grundstücksgrenzen zu benachbarten Grundstücken, die mit Gebäuden bebaut sind oder für eine Bebauung mit Gebäuden in Betracht kommen. Der Anbau an andere Gebäude muss, soweit dies städtebaulich vertretbar ist, nicht deckungsgleich sein. Soweit Gebäude nicht durch Außenwände abgeschlossen sind, tritt an deren Stelle eine gedachte, auf die Vorderkanten der umgebenden Bauteile bezogene Abschlussfläche.

(2) Die Abstandsflächen müssen auf dem Grundstück selbst liegen. Sie dürfen

1. auch auf öffentlichen Verkehrsflächen, öffentlichen Grünflächen und öffentlichen Wasserflächen liegen, jedoch nur bis zu deren Mitte,
2. sich ganz oder teilweise auf andere Grundstücke erstrecken, wenn öffentlich-rechtlich gesichert ist, dass sie nicht überbaut und auf die auf diesen Grundstücken erforderlichen Abstandsflächen und Abstände nicht angerechnet werden.

(3) Die Abstandsflächen dürfen sich nicht überdecken. Dies gilt nicht für:

1. Außenwände, die in einem Winkel von mehr als 75° zueinander stehen,
2. Außenwände zu einem fremder Sicht entzogenen Gartenhof bei Wohngebäuden mit nicht mehr als zwei Wohnungen und
3. Gebäude und andere Anlagen, die in der Abstandsfläche zulässig sind oder zugelassen werden können.

(4) Die Tiefe der Abstandsfläche bemisst sich nach der Wandhöhe; sie wird rechtwinklig zur Wand gemessen. Als Wandhöhe gilt das Maß von der Geländeoberfläche bis zur Schnittlinie der Wand mit der Dachhaut oder bis zum oberen Abschluss der Wand; bei gestaffelten Wänden gilt dies für den jeweiligen Wandabschnitt. Bei geneigter Geländeoberfläche oder bei geneigtem oberen Wandabschluss kann die mittlere Wandhöhe (Wandfläche geteilt durch größte Wandbreite) zugrunde gelegt werden. Für die Mittelung sind Wandabschnitte bis zu einer Länge von 16 m zu bilden. Als Wand gelten:

1. Dachaufbauten in Verlängerung der Außenwand oder mit Rücksprung bis zu 0,50 m hinter die Außenwand,
2. Dachaufbauten, wenn deren Gesamtbreite je Dachfläche zusammen mehr als die Hälfte der Breite der darunter liegenden Außenwand beträgt, und
3. Dächer und Dachteile mit einer Dachneigung von mehr als 70°.

Zur Wandhöhe werden zu einem Drittel hinzugerechnet:

1. Dächer und Dachteile mit einer Dachneigung von mehr als 45° bis 70°,
2. Dachaufbauten auf Dächern und Dachteilen bis zu 45° Dachneigung, wenn deren Gesamtbreite je Dachfläche zusammen mehr als ein Fünf-

tel, jedoch nicht mehr als die Hälfte der Breite der darunter liegenden Außenwand beträgt.

Das sich ergebende Maß ist H.

(5) Die Tiefe der Abstandsfläche beträgt

1. allgemein 0,4 H,
2. in Gewerbe- und Industriegebieten, im Außenbereich für Windkraftanlagen, ausgenommen an den Grenzen zu Gebieten anderer Nutzung, 0,2 H.

Den Gewerbe- und Industriegebieten stehen nach ihrer Nutzung vergleichbare Sondergebiete sowie im Zusammenhang bebaute Ortsteile, die diesen Gebieten nach Art ihrer tatsächlichen baulichen oder sonstigen Nutzung entsprechen, gleich. Das jeweilige Maß ist auf volle 0,10 m abzurunden. In allen Fällen muss die Tiefe der Abstandsflächen mindestens 3 m betragen.

(6) Untergeordnete Bauteile, die nicht mehr als 1,50 m vor die Außenwand vortreten und von Nachbargrenzen mindestens 2 m entfernt bleiben, bleiben bei der Bemessung der Abstandsflächen außer Betracht. Dies gilt insbesondere für:

1. Gesimse und Dachvorsprünge,
2. Hauseingangstreppen, deren Überdachungen und
3. Erker und Balkone, die insgesamt nicht mehr als ein Drittel der Breite der jeweiligen Außenwand in Anspruch nehmen; die Länge von übereinander angeordneten Balkonen wird im Bereich der Überschneidungen nicht zusammengezählt.

Bei der Bemessung der Abstandsflächen bleiben außer Betracht bei Gebäuden an der Grundstücksgrenze die Seiten von Vorbauten und Dachaufbauten, auch wenn sie nicht an der Grundstücksgrenze errichtet werden. An bei Inkrafttreten dieses Gesetzes bestehenden Gebäuden dürfen in die Abstandsfläche hineinragen:

1. nachträglich angebaute Aufzüge, die nicht mehr als 1,70 m vor die Außenwand vortreten und von Nachbargrenzen mindestens 2 m entfernt bleiben und die Höhe der Außenwand nicht überschreiten,

2. Außenwand- und Dachdämmungen, die dem Wärmeschutz und der Energieeinsparung dienen, bis zu 0,25 m Dicke; § 4 Abs. 2 Satz 3 gilt entsprechend.

(7) In Gewerbe- und Industriegebieten genügt abweichend von Abs. 5 bei Wänden ohne Öffnungen als Tiefe der Abstandsflächen

1. 1,50 m, wenn die Wände mindestens feuerhemmend sind und einschließlich ihrer Verkleidungen aus nichtbrennbaren Baustoffen bestehen,
2. 3 m, wenn die Wände mindestens feuerhemmend sind oder wenn sie einschließlich ihrer Verkleidungen aus nichtbrennbaren Baustoffen bestehen.

Das gilt nicht für Abstandsflächen gegenüber Nachbargrenzen.

(8) Für Anlagen, von denen Wirkungen wie von Gebäuden ausgehen, gelten Abs. 1 bis 7 entsprechend. Keine Wirkungen wie von Gebäuden sind insbesondere anzunehmen bei

1. Abfalleinrichtungen bis zu 1,50 m Höhe über der Geländeoberfläche,
2. Aufschüttungen bis zu 1 m Höhe über der Geländeoberfläche, einschließlich Stützmauern,
3. Außentreppen bis 1 m Höhe über der Geländeoberfläche,
4. Rampen zur barrierefreien Erreichbarkeit, die nicht mehr als 1 m über der Geländeoberfläche angeordnet oder einschließlich ihrer Umwehrung nicht mehr als 2 m hoch sind,
5. Freisitzen und
6. Terrassen, die nicht mehr als 1 m über der Geländeoberfläche angeordnet oder einschließlich ihrer Umwehrung nicht mehr als 2 m hoch sind.

(9) In den Abstandsflächen eines Gebäudes und zu diesem ohne eigene Abstandsfläche sind zulässig:

1. erdgeschossige Garagen bis 100 m^2 Nutzfläche (Kleingaragen),
2. erdgeschossige untergeordnete Gebäude und sonstige Anlagen und Einrichtungen, von denen Wirkungen wie von Gebäuden ausgehen,

3. gebäudeunabhängige Solaranlagen mit einer mittleren Höhe bis 3 m über der Geländeoberfläche und bis zu 9 m Länge, Solaranlagen an und auf Gebäuden nach Nr. 1.

(10) Ohne Abstandsfläche jeweils unmittelbar an oder mit einem Mindestabstand von 1 m zu den Nachbargrenzen sind je Baugrundstück zulässig:

1. Garagen einschließlich Abstellraum oder -fläche,
2. überdachte Zufahrten zu Tiefgaragen,
3. untergeordnete Gebäude für Abstellzwecke,
4. untergeordnete Gebäude zur örtlichen Versorgung mit Energie, Kälte oder Wasser,
5. bis zu drei Stellplätze,
6. Einfriedungen, Sichtschutzzäune und Terrassentrennwände in Gewerbe- und Industriegebieten, außerhalb dieser Baugebiete mit einer Höhe bis zu 2 m über der Geländeoberfläche,
7. Stützmauern zur Sicherung des natürlichen Geländes,
8. ein Holzlagerplatz mit Lagerungen bis zu 1 m Höhe über der Geländeoberfläche und 6 m Länge je Grundstücksgrenze,
9. Solaranlagen auf Gebäuden oder Gebäudeteilen nach Nr. 1 bis 4 mit einer mittleren Gesamthöhe von 3 m,
10. gebäudeunabhängige Solaranlagen mit einer mittleren Höhe bis 3 m über der Geländeoberfläche und bis zu 9 m Länge.

Die Länge der Grenzbebauung darf bei den Anlagen nach Satz 1 Nr. 1 bis 5 insgesamt 15 m nicht überschreiten; Dachüberstände sind einzurechnen. Bei den Anlagen nach Satz 1 Nr. 1 bis 4 darf die grenzseitige mittlere Wandhöhe über der Geländeoberfläche nicht höher als 3 m und die Fläche dieser Wände an jeder Nachbargrenze insgesamt nicht größer als 25 m^2 sein.

(11) Die Abs. 1 bis 10 gelten nicht, soweit

1. Festsetzungen eines Bebauungsplans oder einer anderen bauplanungs- oder bauordnungsrechtlichen Satzung die Tiefe der Abstandsflächen verbindlich bestimmen oder
2. soweit nach der umgebenden Bebauung im Sinne des § 34 Abs. 1 Satz 1 des Baugesetzbuches abweichende Gebäudeabstände zulässig sind.

(12) Bei rechtmäßig errichteten Gebäuden, die die erforderliche Tiefe der Abstandsfläche gegenüber Nachbargrenzen nicht einhalten, sind zulässig:

1. Änderungen innerhalb des Gebäudes,
2. sonstige Änderungen, wenn der Abstand des Gebäudes zu den Nachbargrenzen mindestens 2,50 m beträgt, ohne Veränderung von Länge und Höhe der diesen Nachbargrenzen zugekehrten Wände und Dachflächen und ohne Einrichtung neuer Öffnungen oder Vergrößerung bestehender Öffnungen in diesen Wänden und Dachflächen,
3. Nutzungsänderungen und
4. die Neuerrichtung eines gleichartigen Gebäudes an gleicher Stelle.

Darüber hinausgehende Änderungen und Nutzungsänderungen können unter Würdigung nachbarlicher Belange und der Belange des Brandschutzes zugelassen werden. Satz 1 und 2 gelten nicht für Gebäude nach Abs. 10.

§ 7 HBO
Grundstücksteilung

(1) Die Teilung eines Grundstücks, das bebaut oder dessen Bebauung genehmigt ist oder das aufgrund einer Genehmigungsfreistellung bebaut werden darf, bedarf zu ihrer Wirksamkeit der Genehmigung der Bauaufsichtsbehörde. Das gilt nicht, wenn

1. die Teilung in öffentlich-rechtlichen Verwaltungsverfahren vorgenommen wird oder der Bund, das Land oder eine Gebietskörperschaft, der die Aufgaben der unteren Bauaufsichtsbehörde übertragen sind, an der Teilung beteiligt ist, oder
2. eine Vermessungsstelle nach § 15 Abs. 2 Satz 1 des Hessischen Vermessungs- und Geoinformationsgesetzes vom 6. September 2007 (GVBl. I S. 548), zuletzt geändert durch Gesetz vom 3. Mai 2018 (GVBl. S. 82), die bauordnungsrechtliche Unbedenklichkeit der Teilung bescheinigt hat.

(2) Die Genehmigung darf nur versagt werden, wenn durch die Teilung Verhältnisse geschaffen werden, die den Vorschriften dieses Gesetzes oder den aufgrund dieses Gesetzes erlassenen Vorschriften widersprechen.

(3) Die Genehmigung ist bei der Bauaufsichtsbehörde unter Vorlage einer Ausgabe aus dem Liegenschaftskataster, der die beabsichtigte Teilung und die vorhandene Bebauung erkennen lässt, zu beantragen. In die Ausgabe sind die Abstandsflächen der vorhandenen Bebauung einzutragen. Werden Gebäude von der Teilung erfasst, ist eine Beschreibung, wenn notwendig auch eine zeichnerische Darstellung, beizufügen, die Auskunft über die Abgrenzung innerhalb von Gebäuden gibt. § 70 Abs. 1 und § 74 Abs. 4 bis 6 gelten entsprechend.

§ 16 HBO
Verkehrssicherheit

(1) Bauliche Anlagen und die dem Verkehr dienenden nicht überbauten Flächen von bebauten Grundstücken müssen verkehrssicher sein.

(2) Die Sicherheit und Leichtigkeit des öffentlichen Verkehrs dürfen durch bauliche Anlagen oder durch ihre Nutzung nicht gefährdet werden.

§ 35 HBO
Dächer

(1) bis (4) ...

(5) Dachüberstände, Dachgesimse und Dachaufbauten, lichtdurchlässige Bedachungen, Dachflächenfester, Lichtkuppeln, Oberlichte und Solaranlagen sind so anzuordnen und herzustellen, dass Feuer nicht auf andere Gebäudeteile oder Nachbargrundstücke übertragen werden kann. Von Brandwänden und von Wänden, die anstelle von Brandwänden zulässig sind, mindestens 1,25 m entfernt sein müssen

1. Dachflächenfenster, Oberlichte, Lichtkuppeln und Öffnungen in der Bedachung, wenn diese Wände nicht mindestens 0,30 m über Dach geführt sind,
2. Solaranlagen, Dachgauben und ähnliche Dachaufbauten aus brennbaren Baustoffen, wenn sie nicht durch diese Wände gegen Brandübertragung geschützt sind.

(6) ... (8)

§ 43 HBO
Leitungsanlagen, Installationsschächte und -kanäle

(1) Leitungen dürfen durch raumabschließende Bauteile, für die eine Feuerwiderstandsfähigkeit vorgeschrieben ist, nur hindurchgeführt werden, wenn eine Brandausbreitung ausreichend lang nicht zu befürchten ist oder Vorkehrungen hiergegen getroffen sind; dies gilt nicht

1. für Gebäude der Gebäudeklassen 1 und 2,
2. innerhalb von Wohnungen,
3. innerhalb derselben Nutzungseinheit mit nicht mehr als 400 m^2 Grundfläche in nicht mehr als zwei Geschossen.

(2) In notwendigen Treppenräumen, in Räumen nach § 38 Abs. 3 Satz 2 und in notwendigen Fluren sind Leitungsanlagen nur zulässig, wenn eine Nutzung als Rettungsweg im Brandfall ausreichend lang möglich ist.

(3) Für Installationsschächte und -kanäle gelten Abs. 1 sowie § 44 Abs. 2 Satz 1 und Abs. 3 entsprechend.

§ 44 HBO
Lüftungsanlagen

(1) Lüftungsanlagen müssen betriebssicher und brandsicher sein; sie dürfen den ordnungsgemäßen Betrieb von Feuerungsanlagen nicht beeinträchtigen.

(2) Lüftungsleitungen sowie deren Bekleidungen und Dämmstoffe müssen aus nichtbrennbaren Baustoffen bestehen; brennbare Baustoffe sind zulässig, wenn ein Beitrag der Lüftungsleitungen zur Brandentstehung oder Brandweiterleitung nicht zu befürchten ist. Lüftungsleitungen dürfen raumabschließende Bauteile, für die eine Feuerwiderstandsfähigkeit vorgeschrieben ist, nur überbrücken, wenn eine Brandausbreitung ausreichend lang nicht zu befürchten ist oder wenn Vorkehrungen hiergegen getroffen sind.

(3) Lüftungsanlagen sind so anzuordnen und herzustellen, dass sie Gerüche und Staub nicht in andere Räume übertragen.

(4) Lüftungsanlagen dürfen nicht in Abgasanlagen eingeführt werden; die gemeinsame Nutzung von Lüftungsleitungen zur Lüftung und zur Ablei-

tung der Abgase von Feuerstätten ist zulässig, wenn keine Bedenken wegen der Betriebssicherheit und des Brandschutzes bestehen. Die Abluft ist ins Freie zu führen. Nicht zur Lüftungsanlage gehörende Einrichtungen sind in Lüftungsleitungen unzulässig.

(5) Abs. 2 und 3 gelten nicht

1. für Gebäude der Gebäudeklassen 1 und 2,
2. innerhalb von Wohnungen,
3. innerhalb derselben Nutzungseinheit mit nicht mehr als 400 m^2 Grundfläche in nicht mehr als zwei Geschossen.

(6) Für raumlufttechnische Anlagen und Warmluftheizungen gelten Abs. 1 bis 5 entsprechend.

§ 45 HBO
Feuerungsanlagen, Wärmeerzeugung, Brennstoffversorgung

(1) Feuerstätten und Abgasanlagen (Feuerungsanlagen) müssen betriebssicher und brandsicher sein und dürfen auch sonst nicht zu Gefahren, unzumutbaren Nachteilen oder unzumutbaren Belästigungen führen können.

(2) Feuerstätten dürfen in Räumen nur aufgestellt werden, wenn nach Lage, Größe, baulicher Beschaffenheit und Nutzung der Räume Gefahren nicht entstehen.

(3) Abgase von Feuerstätten sind durch Abgasleitungen, Schornsteine und Verbindungsstücke (Abgasanlagen) so abzuführen, dass keine Gefahren oder unzumutbaren Belästigungen entstehen. Abgasanlagen sind in solcher Zahl und Lage und so herzustellen, dass die Feuerstätten des Gebäudes ordnungsgemäß angeschlossen werden können. Sie müssen leicht gereinigt werden können.

(4) Behälter und Rohrleitungen für brennbare Gase und Flüssigkeiten müssen betriebssicher und brandsicher sein. Diese Behälter sowie feste Brennstoffe sind so aufzustellen oder zu lagern, dass keine Gefahren oder unzumutbaren Belästigungen entstehen.

(5) Für die Aufstellung von ortsfesten Verbrennungsmotoren, Blockheizkraftwerken, Brennstoffzellen und Verdichtern sowie die Ableitung ihrer Verbrennungsgase gelten Abs. 1 bis 3 entsprechend.

§ 46 HBO
Sanitäre Anlagen, Toilettenanlagen in Gaststätten

(1) Fensterlose Bäder und Toiletten sind nur zulässig, wenn eine wirksame Lüftung gewährleistet ist.

(2) Jede Wohnung muss Einrichtungen zur Erfassung des Wasserverbrauchs haben. Dies gilt nicht bei Nutzungsänderungen, wenn die Anforderung nach Satz 1 nur mit unverhältnismäßigem Mehraufwand erfüllt werden kann.

(3) In Gaststätten mit Alkoholausschank im Sinne des § 3 Abs. 1 des Hessischen Gaststättengesetzes vom 28. März 2012 (GVBl. S. 50), zuletzt geändert durch Gesetz vom 15. Dezember 2016 (GVBl. S. 294), müssen Toilettenanlagen in ausreichender Zahl vorhanden sein. Toilettenanlagen nach Satz 1 sind nicht erforderlich, wenn für die Gaststätten zentrale Toilettenanlagen innerhalb des Gebäudes in unmittelbarer Nähe in ausreichender Zahl zur Verfügung stehen.

§ 47 HBO
Kleinkläranlagen, Abwasserbehälter

Kleinkläranlagen und Abwasserbehälter müssen wasserdicht und ausreichend groß sein. Sie müssen eine dichte und sichere Abdeckung sowie Reinigungs- und Entleerungsöffnungen haben. Diese Öffnungen dürfen nur vom Freien aus zugänglich sein. Die Anlagen sind so zu entlüften, dass Gesundheitsschäden oder unzumutbare Belästigungen nicht entstehen.

§ 50 HBO
Aufenthaltsräume

(1) Aufenthaltsräume müssen eine lichte Raumhöhe von mindestens 2,40 m, in Keller- und Dachgeschossen von mindestens 2,20 m haben. In Dachgeschossen muss diese Raumhöhe über mindestens der Hälfte ihrer Netto-Raumfläche vorhanden sein; Raumteile mit einer lichten Höhe bis 1,50 m bleiben außer Betracht.

(2) Aufenthaltsräume müssen ausreichend belüftet und mit Tageslicht beleuchtet werden können. Sie müssen Fenster mit einem Rohbaumaß der Fensteröffnungen von mindestens einem Achtel der Netto-Raumfläche des

Raumes einschließlich der Netto-Raumfläche verglaster Vorbauten und Loggien haben.

(3) Aufenthaltsräume, deren Nutzung eine Belichtung mit Tageslicht verbietet, sowie Verkaufsräume, Schank- und Speisegaststätten, ärztliche Behandlungs-, Sport-, Spiel-, Werk- und ähnliche Räume sind ohne Fenster zulässig.

§ 51 HBO
Wohnungen

(1) Jede Wohnung muss eine Küche oder Kochnische haben. Fensterlose Küchen oder Kochnischen sind zulässig, wenn eine wirksame Lüftung gewährleistet ist.

(2) Jede Wohnung muss ein Bad mit Badewanne oder Dusche und eine Toilette haben.

(3) Für jede Wohnung ist ein ausreichend großer Abstellraum herzustellen. In Gebäuden mit mehr als zwei Wohnungen sind zusätzlich ausreichend große, leicht erreichbare Abstellräume insbesondere für Kinderwagen und Mobilitätshilfen herzustellen; die Herstellung als Gemeinschaftsräume ist zulässig. Die Abstellräume nach Satz 2 müssen schwellenlos zugänglich sein, sofern dies nicht mit einem unverhältnismäßigen Mehraufwand verbunden oder aus bautechnischen Gründen nicht möglich ist.

§ 53 HBO
Sonderbauten

(1) An Sonderbauten können im Einzelfall zur Verwirklichung der allgemeinen Anforderungen nach § 3 Satz 1 und 2 besondere Anforderungen gestellt werden. Erleichterungen können gestattet werden, soweit es der Einhaltung von Vorschriften wegen der besonderen Art oder Nutzung baulicher Anlagen oder Räume oder wegen besonderer Anforderungen nicht bedarf.

(2) Die Anforderungen und Erleichterungen nach Abs. 1 können sich insbesondere erstrecken auf:

1. die Abstände von Nachbargrenzen, von anderen baulichen Anlagen auf dem Grundstück und von öffentlichen Verkehrsflächen sowie auf die Größe der freizuhaltenden Grundstücksflächen,

2. die Anordnung der baulichen Anlagen auf dem Grundstück,
3. die Öffnungen nach öffentlichen Verkehrsflächen und nach angrenzenden Grundstücken,
4. bis 23. ...

§ 71 HBO
Beteiligung der Nachbarschaft

(1) Die Bauaufsichtsbehörde soll die Nachbarschaft benachrichtigen, bevor von Vorschriften, die ihrem Schutz dienen, Abweichungen, Ausnahmen oder Befreiungen zugelassen werden; das gilt auch, wenn die angewandte Abweichungs-, Ausnahme- oder Befreiungsvorschrift selbst nachbarschützend ist. Einwendungen sind innerhalb von zwei Wochen nach Zugang der Benachrichtigung der Bauaufsichtsbehörde mitzuteilen.

(2) Wer den Abweichungen, Ausnahmen oder Befreiungen zugestimmt hat, wird nicht benachrichtigt.

(3) Die Abweichungen, Ausnahmen oder Befreiungen sind nur denjenigen bekannt zu geben, deren Einwendungen nicht entsprochen wird. Die §§ 13 und 28 des Hessischen Verwaltungsverfahrensgesetzes finden bei der Nachbarschaftsbeteiligung keine Anwendung.

(4) Abs. 1 bis 3 finden keine Anwendung, wenn die Beteiligung durch öffentliche Bekanntmachung nach § 72 erfolgt.

§ 73 HBO
Abweichungen

(1) Die Bauaufsichtsbehörde kann Abweichungen von Vorschriften dieses Gesetzes oder von Vorschriften aufgrund dieses Gesetzes zulassen, wenn sie unter Berücksichtigung des Zwecks der jeweiligen Anforderung und unter Würdigung der öffentlich-rechtlich geschützten nachbarlichen Belange mit den öffentlichen Belangen, insbesondere den Anforderungen des § 3 vereinbar sind (Schutzzielbetrachtung). § 90 Abs. 1 Satz 3 bleibt unberührt.

(2) Die Zulassung von Abweichungen nach Abs. 1 sowie von bauplanungsrechtlichen Ausnahmen und Befreiungen ist gesondert schriftlich zu beantragen. Der Antrag ist zu begründen.

(3) Abs. 2 gilt auch für baugenehmigungsfreie Anlagen sowie für Abweichungen von Vorschriften, die in bauaufsichtlichen Verfahren nicht geprüft werden. § 65 Abs. 2, § 70 Abs. 1, § 74 Abs. 3 bis 7 und § 75 Abs. 1 und 2 gelten entsprechend.

(4) Abweichend von Abs. 1 entscheidet die Gemeinde bei baugenehmigungsfreien Vorhaben (§ 63) über Abweichungen von örtlichen Bauvorschriften nach § 91 und über Ausnahmen und Befreiungen von den Festsetzungen eines Bebauungsplans, einer sonstigen städtebaulichen Satzung oder von Regelungen der Baunutzungsverordnung, wenn Gegenstand der Abweichungsentscheidung ausschließlich die in diesem Absatz genannten Vorschriften sind. Die Gemeinde hat die Bauaufsichtsbehörde von einer positiven Entscheidung zu unterrichten.

(5) Abweichungen, Ausnahmen und Befreiungen von nachbarschützenden öffentlich-rechtlichen Vorschriften sind zu begründen, wenn die Nachbarschaft Einwendungen nach § 71 Abs. 1 Satz 2 vorgebracht hat. Satz 1 gilt auch, soweit die Ausnahme- oder Befreiungsvorschrift selbst nachbarschützend ist.

10. Auf zahlreichen Gebieten des privaten Nachbarrechts ist gemäß dem unten in Anhang 3 (Seite 214) abgedruckten Art. 1 des zur Ausführung des § 15a EGZPO erlassenen Hess. Gesetzes vom 06.02.2001 (GVBl. I S. 98) seit 01.06.2001 einer Klage bei Gericht das **außergerichtliche Schlichtungsverfahren** vorgeschaltet. Das Verfahren muss von dem nach Art. 1 §§ 3 und 4 dieses Gesetzes zuständigen Schiedsamt (oder einer sonstigen sog. Gütestelle, z. B. den Gütestellen der Rechtsanwaltskammern Frankfurt a. M. und Kassel) durchgeführt werden. Nach § 15a Abs. 1 Satz 2 EGZPO ist mit einer Klage „eine von der Gütestelle ausgestellte Bescheinigung über einen erfolglosen Einigungsversuch einzureichen." Die Gesetzesbegründung zu § 15a EGZPO lautet insoweit (Bundestags-Drucksache 14/980 vom 04.05.1999 Seiten 6/7):

> „Nach Absatz 1 Satz 2 muss der Kläger die von einer Gütestelle ausgestellte Bescheinigung über den erfolglosen Einigungsversuch mit der Klage einreichen. Hat dieser Versuch vor Einreichung der Klage stattgefunden, so kann die Bescheinigung bis zur Entscheidung des Ge-

richts über die Zulässigkeit der Klage nachgereicht werden. Dagegen kann – wie sich aus dem Wortlaut der Vorschrift eindeutig ergibt – der Einigungsversuch selbst nicht nachgeholt werden.

...

Absatz 2 enthält einen Katalog von zivilprozessualen Klagen, die mit Rücksicht auf deren Besonderheiten von dem Erfordernis der Schlichtung ausgenommen werden ... Bei Vorschaltung eines Schlichtungsverfahrens könnten angeordnete Klagefristen regelmäßig nicht mehr eingehalten werden (Nummern 1 und 3), an deren Versäumung unterschiedliche Rechtsfolgen geknüpft sind ..."

Eine ohne Schlichtungsverfahren erhobene Klage ist also, da die Schlichtung nicht nachgeholt werden kann, als unzulässig abzuweisen (AG Nürnberg NJW 2002 S. 3489; AG München NJW-RR 2003 S. 515; a. A. AG Königstein/Ts., vgl. Anmerkung 2 zu § 13 Hess. NRG, unten Seite 92).

An die von der Gütestelle ausgestellte Bescheinigung über einen erfolglosen Einigungsversuch ist das Prozessgericht gebunden, vgl. BGH, Urteil vom 20.11.2009, DWW 2010 S. 58 („Das Prozessgericht ist keine der Schiedsstelle übergeordnete Instanz.")

II. Das Grundeigentum im Allgemeinen

Vorbemerkungen

1. Das **Eigentum** gewährt die umfassendste Herrschaft über eine Sache. Demgemäß kann der Grundstückseigentümer im Prinzip mit seinem Grundstück tun und lassen, was er will, und jeden anderen von Einwirkungen auf das Grundstück ausschließen (BGH NJW-RR 2004 S. 231). Dieses Recht des Eigentümers ist aber im Interesse der Allgemeinheit und in Rücksichtnahme auf das nachbarliche Gemeinschaftsverhältnis (vgl. hierzu ausführlich BGH NJW 2003 S. 1392) begrenzt. Näheres hierüber in den Anmerkungen zu § 903 BGB (Seite 39ff.).

2. Bei einem Eigentum unterscheidet man vor allem das **Alleineigentum**, das **Gesamthandseigentum** (§§ 54, 718, 1416, 2032 BGB) und das **Miteigentum nach Bruchteilen** (§§ 1008ff. BGB). Das **Wohnungseigentum** (Wohnungseigentumsgesetz vom 15.03.1951 [BGBl. I S. 175, 209], zuletzt geändert durch Gesetz vom 05.12.2014 [BGBl. I S. 1962]) ist rechtlich ein Miteigentum der Wohnungseigentümer am Grund und Boden sowie an gemeinschaftlichen Gebäudeteilen, verbunden mit einem Sondereigentum an der Wohnung.

3. Wie Grundstücke werden die **grundstücksgleichen Rechte** behandelt, vor allem das Erbbaurecht (Gesetz über das Erbbaurecht vom 15.01.1919 [RGBl. III 403–6], zuletzt geändert durch Gesetz vom 01.10.2013 (BGBl. I S. 3719).

4. Im Gegensatz zum Eigentum steht der **Besitz** (§§ 854ff. BGB). Er ist keine rechtliche, sondern nur eine tatsächliche Herrschaft über eine Sache. Daher sind auch nur Sachen sowie selbständig beherrschbare Sachteile und auch Tiere (vgl. § 90a BGB) Gegenstand

des Besitzes und nicht etwa Energie oder Grundwasser. Man unterscheidet den unmittelbaren und den mittelbaren Besitz. Unmittelbaren Besitz hat diejenige Person, die die Sache tatsächlich in Gewahrsam hat, also insbesondere der Eigentümer, der sein Haus selbst bewohnt oder sein Grundstück selbst bewirtschaftet. Mittelbarer Besitzer ist, wer nicht auf Grund eines tatsächlichen Gewaltverhältnisses besitzt, sondern auf Grund eines Rechtsverhältnisses, nach welchem ein anderer (z.B. Pächter, Mieter) für ihn den unmittelbaren Besitz ausübt (§ 868 BGB).

Obwohl der Besitz nur eine tatsächliche Herrschaft über eine Sache bedeutet, gewährt er eine wichtige Rechtsstellung. Der Besitzer hat das Recht auf Schutz seines Besitzstandes, der frühere Besitzer hat unter den Voraussetzungen des § 1007 BGB einen Herausgabeanspruch gegen den jetzigen Besitzer. Zugunsten des Besitzers einer beweglichen Sache wird vermutet, dass er Eigentümer der Sache ist (§ 1006 Abs. 1 Satz 1 BGB).

5. Das Hess.NRG spricht in mehreren Paragraphen von **Nutzungsberechtigten.** Was darunter zu verstehen ist, ergibt sich aus den allgemeinen Vorschriften des bürgerlichen Rechts: Nach § 100 BGB sind unter Nutzungen zu verstehen die Früchte einer Sache oder eines Rechts sowie die Vorteile, die der Gebrauch der Sache oder des Rechts gewährt. Nutzungsberechtigte sind also diejenigen, die ein dingliches Nutzungsrecht besitzen (insbesondere Nießbraucher, § 1030 ff. BGB), aber auch alle, die ein obligatorisches Nutzungs- oder Gebrauchsrecht haben, vor allem Mieter und Pächter (§§ 535 ff., 581 ff. BGB).

6. Das Eigentum steht unter der Garantie des Grundgesetzes und der Hessischen Verfassung:

Art. 14 des **Grundgesetzes** lautet:

> „(1) Das Eigentum und das Erbrecht werden gewährleistet. Inhalt und Schranken werden durch die Gesetze bestimmt.

(2) Eigentum verpflichtet. Sein Gebrauch soll zugleich dem Wohle der Allgemeinheit dienen.

(3) Eine Enteignung ist nur zum Wohle der Allgemeinheit zulässig. Sie darf nur durch Gesetz oder auf Grund eines Gesetzes erfolgen, das Art und Ausmaß der Entschädigung regelt. Die Entschädigung ist unter gerechter Abwägung der Interessen der Allgemeinheit und der Beteiligten zu bestimmen. Wegen der Höhe der Entschädigung steht im Streitfalle der Rechtsweg vor den ordentlichen Gerichten offen."

Art. 45 der **Hessischen Verfassung** lautet:

„(1) Das Privateigentum wird gewährleistet. Sein Inhalt und seine Begrenzung ergeben sich aus den Gesetzen. Jeder ist berechtigt, auf Grund der Gesetze Eigentum zu erwerben und darüber zu verfügen.

(2) Das Privateigentum verpflichtet gegenüber der Gemeinschaft. Sein Gebrauch darf dem Gemeinwohl nicht zuwiderlaufen. Es darf nur im öffentlichen Interesse, nur auf Grund eines Gesetzes, nur in dem darin vorgesehenen Verfahren und nur gegen angemessene Entschädigung eingeschränkt oder enteignet werden.

(3) So weit die Gesetze nichts anderes bestimmen, sind für Streitigkeiten über Art und Höhe der Entschädigung die ordentlichen Gerichte zuständig.

(4) Das Erbrecht wird nach Maßgabe des bürgerlichen Rechts gewährleistet. Der Anteil des Staates am Nachlass bestimmt sich nach dem Gesetz."

7. Als **Enteignungsgesetze** kommen folgende Vorschriften in Betracht:

Hess. Enteignungsgesetz vom 04.04.1973 (GVBl. I S. 107), zuletzt geändert durch Artikel 6 des Gesetzes v. 27.09.2012 (GVBl. S. 290); §§ 85 ff. BauGB.

§ 903 BGB
Befugnisse des Eigentümers

Der Eigentümer einer Sache kann, soweit nicht das Gesetz oder Rechte Dritter entgegenstehen, mit der Sache nach Belieben verfahren und andere von jeder Einwirkung ausschließen. ...

Anmerkungen:

1. Das Eigentum hat nach § 903 Satz 1 BGB folgende Hauptwirkungen:
   a) Die positive Wirkung: der Eigentümer kann nach seinem Belieben mit dem Grundstück verfahren, und zwar rechtlich (z. B. durch Veräußerung oder Belastung) oder tatsächlich (z. B. durch Bebauung, Bepflanzung usw.);
   b) die negative Wirkung: der Eigentümer kann jeden anderen von Einwirkungen auf das Grundstück ausschließen (z. B. das Betreten oder Befahren verbieten).
2. Die Einschränkungen des Herrschaftsrechts des Eigentümers sind zahlreich. Sie ergeben sich aus bürgerlichem Recht (insbesondere den Nachbarrechts-Bestimmungen, siehe die folgende Anm. 3), aus Vertrag, oder sie sind öffentlich-rechtlicher Natur (siehe unter Anm. 4).
3. Die nachbarrechtlichen Beschränkungen ergeben sich aus den §§ 906 bis 923 BGB und dem Hess.NRG. Sie sind in den nachstehenden Abschnitten ausführlich behandelt.
4. Die Beschränkungen des Eigentums durch öffentlich-rechtliche Vorschriften sind zahlreich. Sie legen dem Eigentümer gewisse Duldungspflichten auf oder verlangen von ihm in bestimmtem Umfang eigene Einwirkungen auf sein Grundstück. So kann z. B. dem Eigentümer zur Pflicht gemacht werden, sein Grundstück in bestimmter Weise zu bebauen (§ 176 BauGB); der Eigentümer muss der Feuerwehr gestatten, zur Brandbekämpfung sein Grundstück zu betreten; er kann auch verpflichtet werden, Maßnahmen zur Schädlingsbekämpfung auszuführen oder zu dulden.

Nachstehend einige wichtigere Gesetze und Verordnungen, die Einschränkungen der Eigentumsrechte enthalten:

a) **des Bundes:**

BauGB (Fundstelle vgl. Abkürzungsverzeichnis Seite 11)

BauNVO (Fundstelle vgl. Abkürzungsverzeichnis Seite 11)

WasserhaushaltsG (Fundstelle vgl. Abkürzungsverzeichnis Seite 14)

AbwasserVO i. d. F. vom 17.06.2004 (BGBl. I S. 1108), zuletzt geändert durch Artikel 1 Gesetz vom 22.08.2018 (BGBl. I S. 1327)

FlurbereinigungsG (Fundstelle vgl. Abkürzungsverzeichnis Seite 12)

Bundes-BodenschutzG vom 17.03.1998 (BGBl. I S. 502), zuletzt geändert durch Artikel 3 Abs. 4 der Verordnung vom 27.09.2017 (BGBl. I S. 3465)

BImSchG (Fundstelle vgl. Abkürzungsverzeichnis Seite 11)

BundesnaturschutzG (Fundstelle vgl. Abkürzungsverzeichnis Seite 11)

BundeswaldG vom 02.05.1975 (BGBl. I S. 1037), zuletzt geändert durch Artikel 1 des Gesetzes vom 17.01.2017 (BGBl. I S. 75)

G zum Schutz der Kulturpflanzen (PflanzenschutzG) i. d. F. vom 14.05.1998 (BGBl. I S. 971, 1527, 3512), zuletzt geändert durch Artikel 4 Abs. 84 des Gesetzes vom 18.07.2016 (BGBl. I S. 1666)

VO über brennbare Flüssigkeiten i. d. F. vom 13.12.1996 (BGBl. I S. 1937, 1997 S. 447), zuletzt geändert durch Artikel 11 der Verordnung vom 02.06.2016 (BGBl. I S. 1257)

VO zur Bekämpfung der Reblaus vom 27.07.1988 (BGBl. I S. 1203), zuletzt geändert durch Artikel 9 der Verordnung vom 10.10.2012 (BGBl. I S. 2113)

VO über Anwendungsverbote für Pflanzenschutzmittel vom 10.11.1992 (BGBl. I S. 1887), zuletzt geändert durch Artikel 1 der Verordnung vom 25.11.2013 (BGBl. I S. 4020)

b) **des Landes Hessen:**

HBO (Fundstelle vgl. Abkürzungsverzeichnis Seite 12)

VO zur Durchführung des BauGB vom 17.04.2007 (GVBl. I S. 259), zuletzt geändert durch Verordnung vom 15.06.2018 (GVBl. S. 258)

VO über den Bau und Betrieb von Garagen und Stellplätzen vom 17.11.2014 (GVBl. S. 286)

AG zum FlurbereinigungsG vom 01.04.1977 (GVBl. I S. 151), zuletzt geändert durch Art. 1 Änderungsgesetz vom 02.02.2018 (GVBl. S. 6)

Hess. WaldG vom 27.06.2013 (GVBl. S. 458), zuletzt geändert durch Artikel 1 des Gesetzes vom 17.12.2015 (GVBl. S. 607)

Hessisches Brand und Katastrophenschutzgesetz, HBKG Gesetz über den Brandschutz, die Allgemeine Hilfe und den Katastrophenschutz vom 17.12.1998 (GVBl. I S. 530), zuletzt geändert durch Artikel 1 des Gesetzes vom 23.08.2018 (GVBl. S. 374)

Hessisches WasserG (Fundstelle vgl. Abkürzungsverzeichnis Seite 13)

Hess. NaturschutzG vom 04.12.2006 (GVBl. I S. 619), zuletzt geändert durch Gesetz vom 22.12.2010 (GVBl. S. 629)

KompensationsVO vom 21.11.2012 (GVBl. S. 444) – betr. Ausgleichsabgabe bei Eingriffen in Natur und Landschaft), zuletzt geändert durch Verordnung vom 26.10.2018 (GVBl. S. 652, ber. 2019 S. 19)

VO zur Durchführung des PflanzenschutzG vom 04.04.1990 (GVBl. I S. 102), zuletzt geändert durch Art. 23 des Gesetzes vom 15.12.2009 (GVBl. I S. 716)

VO über die Beseitigung von pflanzlichen Abfällen außerhalb von Abfallbeseitigungsanlagen vom 17.03.1975 (GVBl. I S. 48)

Hess. Altlasten- und Bodenschutzgesetz vom 28.09.2007 (GVBl. I S. 652), zuletzt geändert durch Gesetz vom 27.09.2012 (GVBl. S. 290)

SchädlingsbekämpfungsVO vom 18.05.1971 (GVBl. I S. 111)

Das in den Vorauflagen an dieser Stelle erwähnte Gesetz zum Schutze der Felder und Gärten gegen fremde Tauben … vom 05.10.1956 ist durch Gesetz vom 02.10.1992 (GVBl. I S. 460) aufgehoben worden, da nach Ansicht der Landtagsmehrheit „in den letzten Jahren Schäden durch Tauben an landwirtschaftlichen Kulturen nur in einem geringen Maß festgestellt“ wurden.

5. Die o. a. **VO** zur Beseitigung pflanzl. Abfälle vom 17.03.1975 hat u. a. für Gartenbesitzer Bedeutung, die Abfälle verbrennen wollen. Dies ist nur zulässig montags bis freitags von 8 bis 16 und samstags von 8 bis 12 Uhr. Zahlreiche Sicherheitsvorschriften sind zu beachten, z. B. sind bestimmte Abstände einzuhalten (100 m von Gebäuden, die zum Aufenthalt von Menschen bestimmt sind, von Zelten oder Lagerplätzen, 35 m von sonstigen Gebäuden, 5 m von Grundstücksgrenzen). Außerdem muss das Verbrennen „nicht nur unbedeutender Mengen“ der Ortspolizeibehörde mindestens 2 Werktage vor Beginn angezeigt werden (§ 3 Abs. 5).

§ 226 BGB
Schikaneverbot

Die Ausübung eines Rechtes ist unzulässig, wenn sie nur den Zweck haben kann, einem anderen Schaden zuzufügen.

Anmerkungen

Das Gesetz will nämlich demjenigen keinen Schutz gewähren, der ohne schützenswertes Eigeninteresse handelt, sondern ausschließlich in illoyaler und gegen Treu und Glauben verstoßender Gesinnung handelt. Die gewollte Ausübung des vermeintlichen Rechts muss also aus objektiver Sicht dem alleinigen Zweck dienen, einem anderen Schaden zuzufügen (BGH NJW 1975, 1313, 1314; WuM 2004, 728).

1. Ein ihm zustehendes Recht darf der Berechtigte nicht ausüben, wenn er schikanös handelt. Dies ist ein allgemeiner Grundsatz des bürgerlichen Rechts, der auch für die nachbarrechtlichen Beziehungen Bedeutung hat. Schikane liegt nicht bereits dann vor, wenn bei der Ausübung eines Rechts ein anderer Schaden erleidet, aber eben dann, wenn das alleinige Ziel verfolgt wird, einem anderen Schaden zuzufügen. Dies beurteilt sich aufgrund der Würdigung aller Umstände des Einzelfalls.

   Beispiel: Errichtung eines unvernünftig hohen Bretterzaunes oder einer sehr hohen Mauer, die dem Eigentümer keinen Vorteil bringen, aber dem Nachbarn Licht und Sonne wegnehmen sollen; Ein Eigentümer duldet, dass die Allgemeinheit sein Grundstück als Teil eines Weges nutzt und schließt nach privaten Unstimmigkeiten einen Einzelnen aus, der sodann keine Zufahrt mehr zu seinem Grundstück hat (OLG Düsseldorf, NJW-RR 2011, 162).

2. Dass Schikane vorliegt, muss im Streitfalle derjenige beweisen, der sich hierauf beruft. Dies ist oft schwer, da der vermeintlich schikanös Handelnde vielfach auch belangvolle Gründe für sein Handeln vorbringen wird.

3. Für besondere Tatbestände (vgl. § 905 Satz 2, § 906 Abs. 1, § 910 Abs. 2 BGB) trifft das Gesetz Sonderregelungen, sodass es sich in diesen Fällen erübrigt, auf § 226 BGB zurückzugreifen.

§ 904 BGB
Notstand

Der Eigentümer einer Sache ist nicht berechtigt, die Einwirkung eines anderen auf die Sache zu verbieten, wenn die Einwirkung zur Abwendung einer gegenwärtigen Gefahr notwendig und der drohende Schaden gegen-

über dem aus der Einwirkung dem Eigentümer entstehenden Schaden unverhältnismäßig groß ist. Der Eigentümer kann Ersatz des ihm entstehenden Schadens verlangen.

Anmerkungen

1. § 904 BGB regelt den *(Angriffs)Notstand* und gestattet, in fremde Rechte einzugreifen, ohne dass der andere dies verhindern darf. Bei dem Notstand geht nicht – wie bei der Notwehr, § 228 BGB – die Gefahr von der Sache aus, die durch die Notwehrmaßnahme beschädigt oder zerstört wird. Vielmehr wird bei ihm auf eine Sache eingewirkt, die mit der drohenden Gefahr nicht im Zusammenhang steht. Diese Gefahr wird dadurch beseitigt, dass in fremde Rechte eingegriffen wird.

   Beispiel: Die eigene Mauer droht einzustürzen, dabei wird durch Stützmaßnahmen das fremde Grundstück beeinträchtigt, oder es wird fremdes Material in Anspruch genommen, da eigenes nicht vorhanden ist, um den Einsturz zu verhüten. Ein Kraftfahrer beschädigt bei einem notwendigen Ausweichmanöver einen fremden Gartenzaun oder die Anpflanzungen. Um den Angriff eines Hundes abzuwehren, wird vom fremden Staketenzaun eine Latte abgerissen; dabei ist zu berücksichtigen, dass Tiere gemäß dem durch Gesetz vom 20.08.1990 (BGBl. I S. 1762) eingefügten § 90a BGB keine Sachen (mehr) sind, jedoch „die für Sachen geltenden Vorschriften entsprechend anzuwenden sind, soweit nicht etwas anderes bestimmt ist".

2. Die Gefahr, die droht, kann sich gegen jedes Rechtsgut richten, vor allem gegen Leben, Gesundheit oder Sachen, die man im Besitz hat. Eine besondere Beziehung des Einwirkenden zu dem bedrohten Rechtsgut ist hierbei nicht erforderlich.

3. Es muss sich um eine *gegenwärtige* Gefahr handeln. Wenn diese bereits beseitigt ist, besteht nicht weiterhin das Recht, in fremde Rechte einzugreifen. Gegenwärtig ist die Gefahr dann, wenn ohne sofortige (Ab-) Hilfe der Schaden eintreten wird. Es reicht hingegen nicht aus, dass ein Schadenseintritt (nur) theoretisch denkbar ist, aber keine konkreten Anhaltspunkte gegeben sind,

was bei wechselseitigen Beeinträchtigungen zwischen Nachbargrundstücken stets möglich ist (vgl. LG Berlin, NJW 1988, 346, 347).

4. Ein Notstandsrecht besteht nur dann, wenn der drohende Schaden gegenüber dem aus der Einwirkung entstehenden Schaden unverhältnismäßig groß ist. Erhebliche Gefahr für Leib und Leben wiegt stets schwerer als Sachschaden.
5. Der beeinträchtigte Eigentümer kann stets Ersatz des durch den Eingriff entstandenen Schadens verlangen. Für den Umfang des Schadens gelten die allgemeinen Regelungen des BGB, §§ 249 ff. BGB (vgl. BayObLGZ, NJW-RR 1994, 1104).

§ 228 BGB
Notstand

Wer eine fremde Sache beschädigt oder zerstört, um eine durch sie drohende Gefahr von sich oder einem anderen abzuwenden, handelt nicht widerrechtlich, wenn die Beschädigung oder die Zerstörung zur Abwendung der Gefahr erforderlich ist und der Schaden nicht außer Verhältnis zu der Gefahr steht. Hat der Handelnde die Gefahr verschuldet, so ist er zum Schadensersatze verpflichtet.

Anmerkungen

1. § 228 BGB enthält einen allgemeinen Rechtsgrundsatz und gilt auch für das Nachbarrecht. Er behandelt die Notstandsverteidigung oder Notwehr und gibt das Recht, auf eine fremde Sache, von der die Gefahr droht, einzuwirken, ohne dass der andere dies verbieten darf. Im Gegensatz hierzu handelt es sich bei dem Notstand des § 904 BGB um eine Einwirkung auf eine nicht selbst Gefahr bringende Sache. Notwehr ist die Verteidigung, die erforderlich ist, um einen gegenwärtigen rechtswidrigen Angriff von sich oder einem anderen abzuwehren (§ 227 Abs. 2 BGB). Eine durch Notwehr begangene Handlung ist nicht widerrechtlich (§ 227 Abs. 1 BGB).

Beispiele: Der von einem Hund (vgl. hierzu Anm. 1 letzter Halbs. zu § 904, Seite 44) Angegriffene verletzt diesen durch einen Schlag oder schießt ihn nieder; der Nachbar reißt die fremde Mauer nieder, deren Einsturz sein Treibhaus zu zerstören droht.

2. Der Angriff kann sich gegen jedes Rechtsgut richten, vor allem gegen Leben, Gesundheit und Sachen, die man im Besitz oder Eigentum hat.
3. Es muss sich um einen *gegenwärtigen,* nicht aber um einen erst später drohenden Angriff handeln. Die Gefahr darf auch nicht bereits vorüber sein. (*Beispiel:* Der Hund, der das Blumenbeet zerwühlt hat, ist bereits im Weglaufen.)
4. Die Notstandshandlung muss erforderlich und verhältnismäßig sein. Ob die Handlung erforderlich ist, bemisst sich objektiv. Es gilt der Grundsatz des geringsten Eingriffs, also muss u. U. ein weniger einschneidendes, gleich effektives Mittel eingesetzt werden (Beispiel: Ein Postbote wird von einem Hund angegriffen. Nachdem der Versuch der Abwehr des Tieres durch Tritte nicht möglich ist, benutzt er einen Knüppel, vgl. OLG Hamm, NJW-RR 1997, 467). Der eingetretene Schaden darf zudem nicht außer Verhältnis zu der (abgewendeten) Gefahr stehen. Es gelten die allgemeinen Grundsätze.
5. Der nach § 228 BGB gerechtfertigt Handelnde muss grundsätzlich keinen Schadensersatz leisten. Ein Schadensersatzanspruch besteht nur, wenn der in Notwehr Handelnde die Gefahr verschuldet hat, also z. B. den ihn angreifenden Hund zuvor gereizt hat.

§ 905 BGB
Begrenzung des Eigentums

Das Recht des Eigentümers eines Grundstücks erstreckt sich auf den Raum über der Oberfläche und auf den Erdkörper unter der Oberfläche. Der Eigentümer kann jedoch Einwirkungen nicht verbieten, die in solcher Höhe oder Tiefe vorgenommen werden, dass er an der Ausschließung kein Interesse hat.

Anmerkungen

1. Das Eigentum erfasst nicht nur die Erdoberfläche, sondern auch den gesamten darüber befindlichen Luftraum und den Erdkörper unter der Oberfläche. In diesem gesamten Bereich kann der Eigentümer grundsätzlich alle Einwirkungen fremder Personen verbieten.

2. Der Eigentümer muss jedoch Einwirkungen Dritter dulden
   a) in den Fällen des § 905 Satz 2 BGB: wenn die Einwirkungen in solcher Höhe oder solcher Tiefe vorgenommen werden, dass er an der Ausschließung fremder Personen kein Interesse hat; beweispflichtig ist insoweit der andere, das heißt der, welcher auf das Grundeigentum einwirken will;
   b) kraft öffentlichen Rechts; vgl. hierzu Anm. 4;
   c) auf Grund Vertrages (z.B. wenn vereinbart wird, dass eine Ferngasleitung durch das Grundstück gelegt wird) oder auf Grund gesetzlich fixierter Vertragsbedingungen; so sehen die Verordnungen über Allgemeine Bedingungen für die Grundversorgung mit Elektrizität bzw. mit Gas vom 26.10.2006 (BGBl. I S. 2391, 2396), zuletzt geändert durch Artikel 9 des Gesetzes vom 29.08.2016 (BGBl. I S. 2034) vor, dass der Eigentümer, der mit einem Versorgungsunternehmen einen Vertrag über die Lieferung von Energie abgeschlossen hat, diesem die Verlegung von Leitungen über sein Grundstück gestatten muss, ferner das Anbringen von Leitungen, Kabeln usw. für Zwecke der örtlichen Versorgung;
   d) nach den §§ 30 ff. Hess.NRG: Der Nachbar kann unter bestimmten Voraussetzungen *Versorgungs-* und *Abwasserleitungen* durch ein fremdes Grundstück legen.

3. Die Regierungsvorlage des Hess.NRG enthielt ursprünglich eine Einschränkung der Herrschaftsrechte des Grundstückseigentümers, wonach in gewissen Fällen ein Eindringen in den Luftraum, z.B. durch erhabene Wandverzierungen, durch überragende Gesimse, durch Fensterläden, Markisen und Jalousien

sowie durch das Aufschlagen von Fenstern und Läden gestattet werden sollte.

Diese Regelung ist damals nicht Gesetz geworden. Vgl. jetzt aber die durch Gesetz vom 10.12.2009 eingefügten §§ 10a und 10b.

4. Die wichtigsten Einschränkungen durch das *öffentliche* Recht sind folgende:
   a) Das TelekommunikationsG vom 22.06.2004 (BGBl. I S. 1190), zuletzt geändert durch Gesetz vom 29.11.2018 (BGBl. I S. 2230) gestattet, „Telekommunikationslinien" (früher: Fernsprechleitungen) über Privatgrundstücke zu führen, wenn das Grundstück durch die Benutzung nicht oder nur unwesentlich beeinträchtigt wird; vgl. Vorbem. 1 zu Abschn. XI B, S. 163/164.
   b) Das Luftverkehrsgesetz i. d. F. vom 10.05.2007 (BGBl. I S. 698), zuletzt geändert durch Artikel 2 Abs. 11 Gesetz vom 20.07.2017 (BGBl. I S. 2808, 2018 I 472) erlaubt die Benutzung des Luftraums über fremden Grundstücken durch Luftfahrzeuge jeder Art und verbietet in gewissem Umfang die Errichtung von Bauwerken.
   c) Weitere Beschränkungen ergeben sich insbesondere aus dem Bundesberggesetz vom 13.08.1980 (BGBl. I S. 1310), zuletzt geändert durch Artikel 2 Absatz 4 des Gesetzes vom 20.07.2017 (BGBl. I S. 2808)

III. Grenzverhältnisse

Vorbemerkungen

1. **Grundstück** im Rechtssinn ist die Grundstücksparzelle, die entweder auf einem besonderen Grundbuchblatt oder, wenn mehrere Grundstücke auf demselben Grundbuchblatt stehen, auf diesem unter einer besonderen Nummer des Bestandsverzeichnisses eingetragen ist. Die **Grenzen** eines Grundstücks sind gedachte, von der Vermessungsbehörde festgelegte Linien. Sie sind durch Grenzeinrichtungen (Mauern, Hecken usw.) oder meist durch Steine oder Pflöcke kenntlich gemacht.

2. Die festen **Grenzzeichen** setzen die Vermessungsbeamten. Maßgebend ist das Hess. Vermessungs- und Geoinformationsgesetz vom 06.09.2007 (GVBl. I S. 548), zuletzt geändert durch Gesetz vom 03.05.2018 (GVBl. S. 82).

3. Die Grenzzeichen sind amtliche Zeichen. Wer ein Grenzzeichen vernichtet, wegnimmt, verrückt oder unkenntlich macht, kann nach § 274 Abs. 1 Nr. 3 StGB bestraft oder nach § 26 des Vermessungsgesetzes belangt werden.

4. Nach § 17 des Ortsgerichtsgesetzes i. d. F. vom 02.04.1980 (GVBl. S. 114), zuletzt geändert durch Artikel 2 des Gesetzes vom 23.07.2015 (GVBl. S. 315), sind die Ortsgerichte zuständig, auf Antrag eines Beteiligten oder auf Ersuchen einer Behörde bei der Feststellung und Erhaltung der Grenzen der Grundstücke, insbesondere bei der Errichtung fester Grenzzeichen, mitzuwirken.

§ 919 BGB
Grenzabmarkung

(1) Der Eigentümer eines Grundstücks kann von dem Eigentümer eines Nachbargrundstücks verlangen, dass dieser zur Errichtung fester Grenzzeichen und, wenn ein Grenzzeichen verrückt oder unkenntlich geworden ist, zur Wiederherstellung mitwirkt.

(2) Die Art der Abmarkung und das Verfahren bestimmen sich nach den Landesgesetzen; enthalten diese keine Vorschriften, so entscheidet die Ortsüblichkeit.

(3) Die Kosten der Abmarkung sind von den Beteiligten zu gleichen Teilen zu tragen, sofern nicht aus einem zwischen ihnen bestehenden Rechtsverhältnis sich ein anderes ergibt.

Anmerkungen

1. Gegenstand des Abmarkungsverfahrens ist nicht die Ermittlung einer strittigen Grenze, sondern die Festlegung und Sicherung einer *unstreitigen* Grenze. Jeder Nachbar hat einen Anspruch darauf, dass der andere hierbei mitwirkt. Voraussetzung hierfür ist, dass der Grenzverlauf nicht einwandfrei feststeht; das ist der Fall, wenn ein Grenzzeichen verrückt worden oder unkenntlich geworden ist.
2. Die Mitwirkung kann durch Klage erzwungen werden, für die nach § 24 ZPO – je nach dem Streitwert – das Amts- oder Landgericht zuständig ist, in dessen Bezirk die Grundstücke liegen. Eines vorgerichtlichen erfolglosen Schlichtungsversuchs bedarf es nicht, vgl. § 1 Abs. 1 des in Anhang 3 (Seite 214) abgedruckten Gesetzes.
3. Für das Abmarkungsverfahren sind die in Vorbem. 2 zitierten Bestimmungen maßgebend. Wegen der Mitwirkung der Ortsgerichte bei der Feststellung und Erhaltung der Grenzen vgl. Vorbem. 4 (Seite 49).
4. Die Kosten der Abmarkung der gemeinsamen Grenze haben die beiden Nachbarn zu gleichen Teilen zu tragen, soweit sich nicht

aus besonderen Gründen etwas anderes ergibt. Dies ist der Fall, wenn vertragliche Abmachungen bestehen, die Gegenteiliges vorsehen, oder wenn einer der Nachbarn die Grenzzeichen vorsätzlich oder fahrlässig beseitigt oder verrückt, etwa ausgepflügt oder beim Pflügen verschoben hat. Die Kosten eines etwa vorangegangenen Rechtsstreits hat allein der zu tragen, dem das Gericht die Kosten des Prozesses auferlegt hat.

5. Der Anspruch aus § 919 BGB unterliegt nach § 924 BGB nicht der Verjährung.

§ 920 BGB
Grenzverwirrung

(1) Lässt sich im Falle einer Grenzverwirrung die richtige Grenze nicht ermitteln, so ist für die Abgrenzung der Besitzstand maßgebend. Kann der Besitzstand nicht festgestellt werden, so ist jedem der Grundstücke ein gleich großes Stück der streitigen Fläche zuzuteilen.

(2) Soweit eine diesen Vorschriften entsprechende Bestimmung der Grenze zu einem Ergebnis führt, das mit den ermittelten Umständen, insbesondere mit der feststehenden Größe der Grundstücke, nicht übereinstimmt, ist die Grenze so zu ziehen, wie es unter Berücksichtigung dieser Umstände der Billigkeit entspricht.

Anmerkungen

1. Hier handelt es sich nicht wie bei § 919 BGB um die Sicherung einer unstreitigen Grenze. Vielmehr ist der Grenzverlauf *strittig*, das heißt, jeder der Nachbarn nimmt einen bestimmten Grenzstreifen für sich in Anspruch, ohne dass die Wahrheit oder Unwahrheit der sich widersprechenden Behauptungen durch vorhandene Grenzzeichen festgestellt werden kann, vgl. OLG Hamm I-5 U 132/10.

2. Die Nachbarn können sich über den Grenzverlauf gütlich einigen, indem sie z. B. die von der Vermessungsbehörde ermittelte Grenze als bindend anerkennen. Jeder der Nachbarn kann auch

Klage auf Feststellung der Grenze oder auf Herausgabe des von dem andern zu Unrecht benutzten Streifens gemäß § 985 BGB erheben. Der Kläger muss in dem Rechtsstreit die von ihm in Anspruch genommene Fläche bezeichnen und sein Recht beweisen.

3. Kann der Kläger Behauptungen über den Grenzverlauf nicht machen, so kann er nach § 920 BGB Klage auf richterliche Festsetzung der Grenze (Grenzscheidungsklage) erheben. Das Gericht verfährt hierbei nach den Richtlinien, die § 920 BGB gibt. Das Urteil setzt die Grenzen bindend fest, vgl. OLG Brandenburg 4 U 68/04.
4. Die Klage ist nach § 24 ZPO – je nach dem Streitwert – bei dem Amts- bzw. Landgericht zu erheben, in dessen Bezirk die Grundstücke liegen. Eines vorgerichtlichen erfolglosen Schlichtungsversuchs bedarf es nicht, vgl. § 1 Abs. 1 des in Anhang 3 (Seite 214) abgedruckten Gesetzes.
5. Der Anspruch aus § 920 BGB unterliegt nach § 924 BGB nicht der Verjährung.

§ 921 BGB
Gemeinschaftliche Benutzung von Grenzanlagen

Werden zwei Grundstücke durch einen Zwischenraum, Rain, Winkel, einen Graben, eine Mauer, Hecke, Planke oder eine andere Einrichtung, die zum Vorteile beider Grundstücke dient, voneinander geschieden, so wird vermutet, dass die Eigentümer der Grundstücke zur Benutzung der Einrichtung gemeinschaftlich berechtigt seien, sofern nicht äußere Merkmale darauf hinweisen, dass die Einrichtung einem der Nachbarn allein gehört.

§ 922 BGB
Art der Benutzung und Unterhaltung

Sind die Nachbarn zur Benutzung einer der im § 921 bezeichneten Einrichtungen gemeinschaftlich berechtigt, so kann jeder sie zu dem Zwecke, der sich aus ihrer Beschaffenheit ergibt, insoweit benutzen, als nicht die

Mitbenutzung des anderen beeinträchtigt wird. Die Unterhaltskosten sind von den Nachbarn zu gleichen Teilen zu tragen. Solange einer der Nachbarn an dem Fortbestande der Einrichtung ein Interesse hat, darf sie nicht ohne seine Zustimmung beseitigt oder geändert werden. Im Übrigen bestimmt sich das Rechtsverhältnis zwischen den Nachbarn nach den Vorschriften über die Gemeinschaft.

Anmerkungen

1. § 921 BGB nennt einige typische gemeinsame Grenzeinrichtungen und stellt eine Vermutung nur für die Benutzung auf. Danach wird vermutet, dass die Grenzeinrichtungen gemeinschaftlich benutzt werden dürfen. Dies gilt nicht, wenn äußere Merkmale darauf hinweisen, dass die Einrichtung einem der Nachbarn allein gehört. Dies ist im Einzelfall Tatfrage; die Ausnahme ist von demjenigen zu beweisen, der ein alleiniges Nutzungsrecht in Anspruch nimmt. Als Grenzeinrichtung im Sinne dieser Vorschrift kann auch die auf der Grenze errichtete „gemeinsame Zufahrt" von der Straße bis zu den aneinandergebauten Grenzgaragen angesehen werden (LG Zweibrücken in MDR 1996 S. 46). Eine solche funktionell beiden Grundstücken dienende Anlage darf nicht ohne Zustimmung des Nachbarn beseitigt oder verändert werden (vgl. hierzu BGH NJW 2003 S. 1731).

   Das Erscheinungsbild einer Grenzeinrichtung ist Bestandteil ihrer Zweckbestimmung. Es kann ohne Zustimmung des Nachbarn nicht geändert werden, vgl. BGH, NJW-RR 2018, 528.

2. § 921 BGB regelt nicht die Eigentumsverhältnisse an der Grenzeinrichtung. Für sie gelten die allgemeinen Vorschriften: Jeder Nachbar ist grundsätzlich Eigentümer des auf seinem Grundstück stehenden Teils (§ 94, 946 BGB). *Ausnahmen* bestehen beim *Überbau* (§ 912 BGB, vgl. Seite 57), bei der *Nachbarwand* (§§ 1 bis 7 Hess.NRG, Seite 65 ff.), bei der auf der Grenze errichteten *Einfriedung* (Anm. 5 zu § 14 Hess.NRG, Seite 97) und dann, wenn es sich um so genannte *Scheinbestandteile* im

Sinne des § 95 Abs. 1 BGB handelt, das heißt, das Bauwerk in Ausübung eines Rechts an einem fremden Grundstück von dem Berechtigten mit dem Grundstück verbunden worden ist.

3. Das vom Gesetz gewährte Mitbenutzungsrecht kann nicht in das Grundbuch eingetragen werden. Dies ist nur auf Grund besonderer Vereinbarungen zwischen den Nachbarn möglich.
4. § 922 BGB regelt des Näheren die Beziehungen zwischen den Nachbarn.

   Ergänzend kommen die Vorschriften über die Gemeinschaft in Betracht, nämlich § 743 Abs. 1, §§ 744 bis 746 und § 748 BGB. Diese lauten:

   § 743 Abs. 1: „(1) Jedem Teilhaber gebührt ein seinem Anteil entsprechender Bruchteil der Früchte."

   § 744: „(1) Die Verwaltung des gemeinschaftlichen Gegenstandes steht den Teilhabern gemeinschaftlich zu.

   (2) Jeder Teilhaber ist berechtigt, die zur Erhaltung des Gegenstandes notwendigen Maßregeln ohne Zustimmung der anderen Teilhaber zu treffen; er kann verlangen, dass diese ihre Einwilligung zu einer solchen Maßregel im Voraus erteilen."

   § 745: „(1) Durch Stimmenmehrheit kann eine der Beschaffenheit des gemeinschaftlichen Gegenstandes entsprechende ordnungsgemäße Verwaltung und Benutzung beschlossen werden. Die Stimmenmehrheit ist nach der Größe der Anteile zu berechnen.

   (2) Jeder Teilhaber kann, sofern nicht die Verwaltung und Benutzung durch Vereinbarung oder durch Mehrheitsbeschluss geregelt ist, eine dem Interesse aller Teilhaber nach billigem Ermessen entsprechende Verwaltung und Benutzung verlangen.

   (3) Eine wesentliche Veränderung des Gegenstandes kann nicht beschlossen oder verlangt werden. Das Recht des einzelnen Teilhabers auf einen seinem Anteil entsprechenden Bruchteil der Nutzungen kann nicht ohne seine Zustimmung beeinträchtigt werden."

§ 746: „Haben die Teilhaber die Verwaltung und Benutzung des gemeinschaftlichen Gegenstandes geregelt, so wirkt die getroffene Bestimmung auch für und gegen die Sondernachfolger."

§ 748: „Jeder Teilhaber ist den anderen Teilhabern gegenüber verpflichtet, die Lasten des gemeinschaftlichen Gegenstandes sowie die Kosten der Erhaltung, der Verwaltung und einer gemeinschaftlichen Benutzung nach dem Verhältnis seines Anteils zu tragen."

5. Bei Verstoß gegen § 922 Satz 3 BGB kann der betroffene Nachbar gemäß §§ 1004, 823 Abs. 2 BGB auf Unterlassung, Wiederherstellung oder Schadenersatz klagen (BGH NJW 2000 S. 512); eines vorgerichtlichen erfolglosen Schlichtungsversuchs bedarf es insoweit nicht, vgl. § 1 Abs. 1 des in Anhang 3 (Seite 214) abgedruckten Gesetzes.
6. Wegen der *engen Reihe,* die das Hess.NRG nicht regelt, vgl. Abschn. I Nr. 6 (Seite 18).

IV. Grenzüberbauten

A. Überbau

Vorbemerkungen

1. Ein Bauherr kann dadurch über die Grenze seines Grundstücks hinausbauen, dass er entweder die Fundamente des Bauwerks teilweise auf das Nachbargrundstück setzt oder dass er bei der Errichtung des Gebäudes in den fremden Luftraum (vgl. Anm. 1 zu § 905, Seite 47), z. B. einen Balkon, hinausbaut. Es handelt sich in diesen Fällen um einen Überbau. Bei ihm unterscheidet man den

a) sog. *rechtmäßigen Überbau* (§§ 912 bis 916 BGB) vgl. Anm. zu §§ 912 ff.; und

b) den sog. *unrechtmäßigen Überbau* (hierzu Vorbem. 2).

2. Ein unrechtmäßiger Überbau liegt vor, wenn

a) dem Bauherrn bei der Grenzüberschreitung Vorsatz oder grobe Fahrlässigkeit zur Last fällt oder

b) dies zwar nicht der Fall ist, aber trotz des sofortigen Widerspruchs des beeinträchtigten Nachbarn weitergebaut wird oder

c) das Gebäude nicht durch den Grundstückseigentümer oder den Erbbauberechtigten errichtet wird.

Bei dem unrechtmäßigen Überbau kann der beeinträchtigte Nachbar Beseitigung des Überbaus verlangen (§§ 903, 905, 1004 BGB). Eigentümer des überbauten Teils wird der beeinträchtigte Nachbar.

3. Auch bei der Nachbarwand handelt es sich um einen Überbau. Vgl. hierzu Weiteres unten unter B.

4. Auch wenn der Überbau vor dem Inkrafttreten des BGB (01.01.1900) vorgenommen worden ist, gelten die §§ 912 bis 916 BGB (Art. 181 Abs. 1 EGBGB).

§ 912 BGB
Überbau; Duldungspflicht

(1) Hat der Eigentümer eines Grundstücks bei der Errichtung eines Gebäudes über die Grenze gebaut, ohne dass ihm Vorsatz oder grobe Fahrlässigkeit zur Last fällt, so hat der Nachbar den Überbau zu dulden, es sei denn, dass er vor oder sofort nach der Grenzüberschreitung Widerspruch erhoben hat.

(2) Der Nachbar ist durch eine Geldrente zu entschädigen. Für die Höhe der Rente ist die Zeit der Grenzüberschreitung maßgebend.

Anmerkungen

1. Der Nachbar muss den (so genannten *rechtmäßigen*) Überbau dulden, wenn
   a) Bauherr der *Eigentümer* oder *Erbbauberechtigte* des Nachbargrundstücks ist,
   b) es sich um die Errichtung eines *Gebäudes* handelt (vgl. Anm. 2),
   c) dem Bauherrn nur ein geringerer Verschuldensgrad als grobe Fahrlässigkeit bei dem Überbau zur Last fällt, etwa weil die Grenzverhältnisse unklar sind und der Bauherr trotz gewissenhafter Prüfung sich keine Klarheit über den Grenzverlauf verschaffen konnte, und
   d) der Nachbar nicht vor oder sofort nach der Grenzüberschreitung widerspricht.
2. Gebäude (Anm. 1b) sind selbständig nutzbare, überdeckte bauliche Anlagen, die von Menschen betreten werden können und geeignet oder bestimmt sind, dem Schutze von Menschen, Tieren oder Sachen zu dienen (vgl. § 2 Abs. 3 HBO). Nicht darunter fallen z.B. Taubenschläge, Bienenstöcke, Backöfen, Hundehütten, Luftwärmepumpen, Mauern und Zäune, vgl. z.B. OLG Frankfurt am Main, NJW-RR 2013, 793, OLG Hamm, OLGR 1992, 52, LG Flensburg, NJW-RR 2005, 1610, 1611.

3. Der Überbau muss sich nicht notwendig auf das Fundament erstrecken. Auch bei einem Übergreifen des Gebäudes in den fremden Luftraum (z. B. durch Anbringen eines Balkons, Giebels, durch Ausbuckelung einer Mauer) liegt ein Überbau vor. Unerheblich ist es, wie weit der Überbau in das fremde Grundstück hineinreicht (vgl. Abb. 1 bis 3). Jedoch handelt der Nachbar rechtsmissbräuchlich, der die Beseitigung eines mit bloßem Auge nicht feststellbaren Überbaus von wenigen Zentimetern verlangt (OLG Köln, NJW-RR 2003 S. 376 – Verletzung nachbarrechtlichen Grenzabstands allein durch Wärmedämmung).
4. Der Überbau steht, wenn die in Anm. 1 genannten Voraussetzungen vorliegen, nach herrschender Meinung im Eigentum des Überbauenden (BGHZ 110, 298), die überbaute Grundstücksfläche verbleibt jedoch im Eigentum des beeinträchtigten Nachbarn.
5. Sind die Voraussetzungen des § 912 Abs. 1 nicht erfüllt, kann der Eigentümer des Nachbargrundstücks gemäß § 1004 BGB (abgedruckt in Anhang 1 Seite 190) Beseitigung des Überbaus verlangen; die Klage ist ohne vorgerichtlichen Schlichtungsversuch zulässig, vgl. § 1 Abs. 1 des in Anhang 3 (Seite 214) abgedruckten Gesetzes.
6. Als *Entschädigung* für die Duldungspflicht steht dem beeinträchtigten Nachbarn die Überbaurente zu (vgl. §§ 913, 914 BGB). Im Streitfall hat das Gericht über die Höhe der Rente zu entscheiden.
7. Die gesetzliche Duldungspflicht kann nicht in das Grundbuch eingetragen werden.

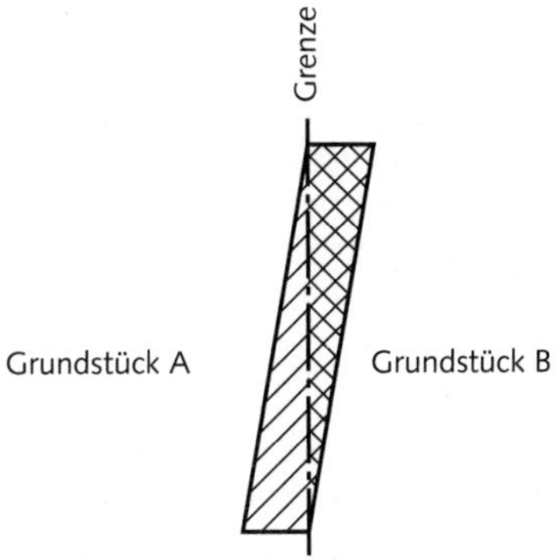

Abb. 1: Zum Teil übergebaute Mauer (Grundriss)

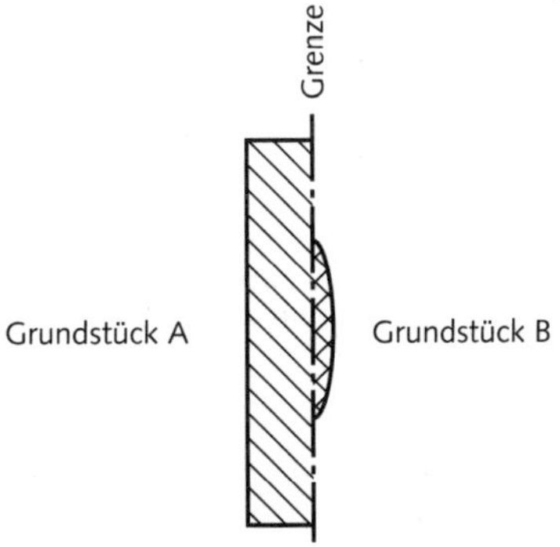

Abb. 2: Ausbuckelung als Überbau (Grundriss)

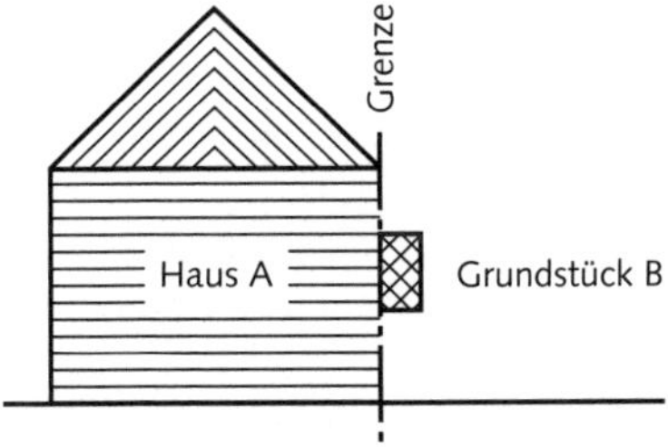

Abb. 3: Balkon als Überbau

§ 913 BGB
Zahlung der Überbaurente

(1) Die Rente für den Überbau ist dem jeweiligen Eigentümer des Nachbargrundstücks von dem jeweiligen Eigentümer des anderen Grundstücks zu entrichten.

(2) Die Rente ist jährlich im Voraus zu entrichten.

§ 914
Rang, Eintragung und Erlöschen der Rente

(1) Das Recht auf die Rente geht allen Rechten an dem belasteten Grundstück, auch den älteren, vor. Es erlischt mit der Beseitigung des Überbaues.

(2) Das Recht wird nicht in das Grundbuch eingetragen. Zum Verzicht auf das Recht sowie zur Feststellung der Höhe der Rente durch Vertrag ist die Eintragung erforderlich.

(3) Im Übrigen finden die Vorschriften Anwendung, die für eine zugunsten des jeweiligen Eigentümers eines Grundstücks bestehende Reallast gelten.

Anmerkungen

1. § 913 Abs. 1 BGB bestimmt, wer die Rente zu zahlen hat und wer als Empfänger in Betracht kommt. Auch wer gutgläubig das Grundstück des Zahlungspflichtigen erwirbt, ist zur Zahlung der Rente verpflichtet.
2. § 913 Abs. 2 und § 914 Abs. 1 BGB treffen nähere Regelung über Fälligkeit, Rang und Erlöschen der Rente.
3. Das Recht auf die Rente wird nicht in das Grundbuch eingetragen (§ 914 Abs. 2 BGB). Einzutragen ist aber ein Verzicht auf die Rente und eine vertragliche Feststellung der Höhe der Rente; ohne diese Eintragungen ist eine Wirkung gegen Dritte nicht möglich.
4. Nach § 914 Abs. 3 BGB sind ergänzend die Vorschriften über die Reallast entsprechend anwendbar. Es handelt sich hierbei um die §§ 1107, 1108, 1109 Abs. 2, § 1110 BGB.

§ 915 BGB
Abkauf

(1) Der Rentenberechtigte kann jederzeit verlangen, dass der Rentenpflichtige ihm gegen Übertragung des Eigentums an dem überbauten Teil des Grundstücks den Wert ersetzt, den dieser Teil zur Zeit der Grenzüberschreitung gehabt hat. Macht er von dieser Befugnis Gebrauch, so bestimmen sich die Rechte und Verpflichtungen beider Teile nach den Vorschriften über den Kauf.

(2) Für die Zeit bis zur Übertragung des Eigentums ist die Rente fortzuentrichten.

Anmerkungen

1. Abs. 1 legt fest, dass der durch den Überbau beeinträchtigte Grundstückseigentümer (der Rentenberechtigte) von dem Nachbarn, der übergebaut hat (dem Rentenverpflichteten), einseitig verlangen kann, den überbauten Grundstücksteil zu erwerben.
2. Für die Rechte und Pflichten beider Nachbarn gelten die Vorschriften über den Kauf (§§ 433 ff. BGB). Formvorschriften bestehen für das Verlangen des beeinträchtigten Nachbarn nicht. § 311 b BGB, der bei Grundstücken notarielle Beurkundung des Verpflichtungsgeschäfts vorsieht, ist nicht anwendbar.
3. Der Anspruch aus § 915 BGB unterliegt nicht der Verjährung (§ 924 BGB).

§ 916 BGB
Beeinträchtigung von Erbbaurecht oder Dienstbarkeit

Wird durch den Überbau ein Erbbaurecht oder eine Dienstbarkeit an dem Nachbargrundstück beeinträchtigt, so finden zugunsten des Berechtigten die Vorschriften der §§ 912 bis 914 entsprechende Anwendung.

Anmerkungen

1. Wegen des Erbbaurechts vgl. ErbbaurechtsG (Fundstelle siehe oben unter II.3 Seite 36).

2. Wegen der Dienstbarkeiten vgl. §§ 1018 ff. (Grunddienstbarkeiten), §§ 1030 ff. (Nießbrauch), §§ 1090 ff. BGB (beschränkte persönliche Dienstbarkeiten).
3. Die Vorschrift ist entsprechend anwendbar für Dauerwohnberechtigte nach dem Wohnungseigentumsgesetz (Fundstelle siehe oben unter II.2 Seite 36).

B. Nachbarwand

Vorbemerkungen

1. **Nachbarwand** ist nach § 1 Abs. 1 Hess.NRG die auf der Grenze zweier Grundstücke errichtete Wand, die den auf diesen Grundstücken errichteten oder zu errichtenden **Bauwerken** als Abschlusswand oder zur Unterstützung oder Aussteifung dient oder dienen soll. Auch bei der Nachbarwand handelt es sich um einen Überbau.

2. Über die Entwicklung der früheren Kommunmauer zur Nachbarwand lässt sich – entsprechend der amtlichen Begründung zum Hess.NRG (Landtags-Drucksache Abt. I Nr. 1092/IV. Wahlperiode) – Folgendes sagen:

a) § 13 der Bau-Ambts-Ordnung in Städten, Flecken und Dörfern außer der Stadt Mayntz in Verbindung mit § 18 der Bau-Ambts-Ordnung in der Stadt Mayntz (Titel VII der Mayntzer Lands-Ordnung) sowie das Frankfurter Recht (Teil 8 Titel I § 6 der Frankfurter Reformation vom 10.09.1611, die Frankfurter Ratsverordnung vom 07.02.1708 sowie Kap. I §§ 11 bis 13 des Frankfurter Baustatuts vom 11.06.1809) enthielten für den Nachbarn die Verpflichtung, durch Hergabe von Baugrund und Übernahme von Baukosten bei der Herstellung einer gemeinsamen Mauer mitzuwirken. Im früheren Volksstaat Hessen stand nach Art. 46 Abs. 2 bis 6 der Allgemeinen Bauordnung in der Fassung des Art. 278 Hess.AGBGB dem Grundeigentümer, der an eine schon bestehende Brandmauer ohne Errichtung einer eigenen anbauen will, das Recht zu, gegen angemessene Geldentschädigung von dem Nachbarn die Einräumung einer entsprechenden Dienstbarkeit zu verlangen.

b) § 13 der Bau-Ambts-Ordnung in Städten. Flecken und Dörfern außer der Stadt Mayntz in Verbindung mit § 23 der Bau-Ambts-Ordnung in der Stadt Mayntz (Titel VII der Mayntzer Lands-Ordnung) führte ins Einzelne gehende Merkmale auf, an denen abgelesen werden sollte, ob eine Mauer gemeinschaftlich war oder nicht. Das im Gebiet des früheren Volksstaats Hessen geltende Recht nahm, da es nur die Bestellung einer Dienstbarkeit vorschrieb, Alleineigentum des Erbauers an der Wand an. Nach Frankfurter Recht entstand nur bei gemeinschaftlicher Errichtung der Mauer durch die Nachbarn Miteigentum an ihr, während die ohne Mitwirkung des anderen Grundeigentümers erbaute Mauer so lange im Alleineigentum des Erbauers verblieb, bis der Nachbar durch Zahlung der anteiligen Kosten das Miteigentumsrecht für sich auslöste; Kap. I § 13 des Frankfurter Baustatuts von 1809 verpflichtete den untätig gebliebenen Nachbarn, das Miteigentum durch entsprechende Zahlung zu erwerben. Nach den §§ 40 bis 43 der Kurhessischen Bauordnung vom 09.01.1784 ergab sich die Antwort auf die Frage nach dem Allein- oder Miteigentum der beiden Nachbarn an der Mauer aus der ungleichmäßigen oder gleichmäßigen Art ihrer Benutzung.

c) § 13 der Bau-Ambts-Ordnung in Städten, Flecken und Dörfern außer der Stadt Mayntz in Verbindung mit § 21 der Mayntzer Bau-Ambts-Ordnung in der Stadt Mayntz (Titel VII der Mayntzer Lands-Ordnung) gab jedem Grundeigentümer das Recht, auch ohne Zustimmung des Nachbarn die gemeinschaftliche Mauer zu erhöhen; aber erst nach Erstattung der halben Kosten durfte der Nachbar die Erhöhung mitbenutzen. Das Recht zur Erhöhung der ganzen Nachbarwand gewährten auch § 4 Teil 8 Titel IV der Frankfurter Reformation, Kap. 1 § 14 sowie Kap. 4 § 4 des Frankfurter Baustatuts, ferner für den Bereich des früheren Volksstaats Hessen Art. 82 und Art. 178 Hess.AGBGB und für den Geltungsbereich des Rheinischen Rechts Art. 23 § 1 I Preuß. AGBGB. Im Gegensatz hierzu erlaubte § 21 der Kurhessischen Bauordnung vom 09.01.1784 nur die Erhöhung der auf dem eigenen Grundstück stehenden Mauerhälfte.

d) Nach Art. 23 § 3 Preuß.AGBGB durfte die Verstärkung der Nachbarwand nur auf dem Grundstück oder auf der Seite dessen angebracht werden, der sie vornehmen wollte.

e) Der Entwurf zum Bundesbaugesetz (Bundestags-Drucksache Nr. 336/III. Wahlperiode) enthielt in dem Abschnitt „Bauliches Nachbarrecht“, der nicht Gesetz geworden ist, in den §§ 165 bis 167 Vorschriften über die Errichtung einer Nachbarwand, den Anbau an eine Nachbarwand und die Erhöhung der Nachbarwand. Das Hess.NRG hat die Grundgedanken dieser Vorschriften übernommen. Im Gegensatz zu diesen macht es allerdings die Zulässigkeit der Errichtung einer Nachbarwand auch noch davon abhängig, dass die beiden Grundstückseigentümer eine dahingehende Vereinbarung treffen. Denn es besteht kein zwingender Grund dafür, dass in jedem Falle, in dem baurechtlich die Errichtung einer Nachbarwand zulässig ist, eine solche auch gefordert werden müsste.

3. Das Hess.NRG ist am 01.11.1962 in Kraft getreten (§ 49). Auch der Umfang von Rechten, die vorher begründet worden sind, richtet sich seit dem 01.11.1962 nach den Vorschriften des Hess.NRG (§ 46 Hess.NRG).

4. Nach § 45 Hess.NRG können die beteiligten Nachbarn andere Vereinbarungen treffen, als das Gesetz vorsieht.

5. Wegen einer die Nachbarwand betreffenden Streitigkeit kann Klage vor dem ordentlichen Gericht erst erhoben werden, wenn zuvor ein Schlichtungsversuch durchgeführt worden und erfolglos geblieben ist, vgl. § 1 Abs. 1 Nr. 1 Buchst. e) des in Anhang 3 (Seite 214) abgedruckten Gesetzes.

§ 1 Hess.NRG
Errichten einer Nachbarwand

(1) Nachbarwand ist die auf der Grenze zweier Grundstücke errichtete Wand, die den auf diesen Grundstücken errichteten oder zu errichtenden Bauwerken als Abschlusswand oder zur Unterstützung oder Aussteifung dient oder dienen soll.

(2) Der Eigentümer eines Grundstücks darf eine Nachbarwand errichten, wenn

1. **die Bebauung seines und des benachbarten Grundstücks bis an die Grenze vorgeschrieben oder zugelassen ist und**
2. **der Eigentümer des benachbarten Grundstücks einwilligt.**

Anmerkungen

1. Die Nachbarwand – früher als Kommunmauer bezeichnet – ist nicht wie die Grenzmauer (vgl. die §§ 8 bis 10 Hess.NRG) bis an die Grenze des Grundstücks herangebaut; sie steht vielmehr zum Teil *auf dem Nachbargrundstück* (vgl. Abb. 4). Die Bezeichnung Kommunmauer ist aufgegeben worden, weil der Begriff Mauer bei den heute vielfach üblichen Betonkonstruktionen zu eng er-

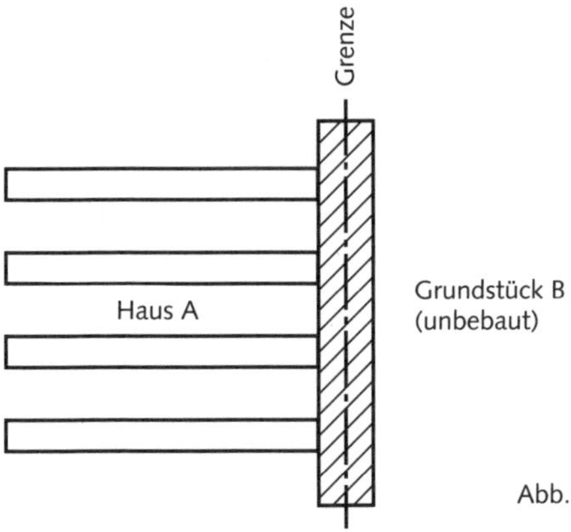

Abb. 4: Nachbarwand (Grundriss)

schien. Unter Bauwerk sind nicht nur Gebäude zu verstehen. § 2 Abs. 2 Satz 1 HBO gibt für Bauwerke folgende Begriffsbestimmung: „Bauliche Anlagen sind mit dem Erdboden verbundene, aus Bauprodukten hergestellte Anlagen."

2. Die Nachbarwand kann aus Backsteinen, Beton, Stahlbeton oder Fertigteilen bestehen. Holzwände werden im Allgemeinen nicht in Betracht kommen, da sie nicht die erforderliche Standfestigkeit haben, um die Belastung beider Bauwerke zu tragen.
3. Außer der Einwilligung des Eigentümers des benachbarten Grundstücks in die Errichtung der Nachbarwand ist Voraussetzung für ihre Zulässigkeit, dass das Bauen *beiderseits* bis an die Grenze vorgeschrieben oder zugelassen ist. Darüber hinaus dürfen dem Bauvorhaben keine öffentlich-rechtlichen Vorschriften entgegenstehen (§ 45 Hess.NRG).
4. Die *Kosten* für die Errichtung der Nachbarwand hat der Bauherr allein zu tragen.
5. Die *Eigentumsverhältnisse* an der Nachbarwand richten sich nach dem BGB. Danach gilt Folgendes:
   a) Bis zum Anbau ist Eigentümer der Nachbarwand der Nachbar, der die Nachbarwand errichtet hat.
   b) Wie die Eigentumsverhältnisse nach dem Anbau sind, ist strittig; viele, so BGHZ 57, 245, nehmen Eigentum nach Bruchteilen an, andere Eigentum des Anbauenden, soweit die Nachbarwand auf seinem Grundstück steht, wieder andere meinen, dass auch nach dem Anbau der bisherige Eigentümer unverändert sein Eigentum an der ganzen Wand behält. Das Hess.NRG konnte keine Klärung dieser Zweifelsfragen bringen, da der Landesgesetzgeber zur Änderung von Bundesrecht nicht befugt ist.
6. Da die Nachbarwand nur mit Einwilligung des Eigentümers des Nachbargrundstücks errichtet werden darf, können beide Eigentümer bei den Erörterungen hierüber die Rechtsbeziehungen, die

durch die Errichtung der Nachbarwand entstehen, anders regeln, als das Gesetz vorsieht. § 45 Hess.NRG gewährt diesen Vereinbarungen den Vorrang. Nur wenn die Nachbarn keine Regelungen treffen oder nicht alle Fragen regeln, gelten die gesetzlichen Vorschriften der §§ 2 bis 7 Hess.NRG.

§ 2 Hess.NRG
Beschaffenheit der Nachbarwand

Die Nachbarwand ist in der Art und in der Dicke auszuführen, wie es notwendig ist, um den beabsichtigten Zweck zu erreichen. Höchstens mit der Hälfte der hiernach gebotenen Dicke darf sie das angrenzende Grundstück in Anspruch nehmen.

Anmerkungen

1. Bei der Errichtung der Nachbarwand darf der Bauherr das fremde Grundstück nicht in größerem Umfang in Anspruch nehmen, als notwendig ist. Das Gesetz kann aber nicht starr regeln, in welcher Art die Wand auszuführen ist und welche Dicke sie haben muss. Das kann sich allein nach dem von beiden Nachbarn beabsichtigten Zweck bestimmen und ist von Fall zu Fall verschieden. Der Bauherr darf höchstens mit der *Hälfte* der hiernach gebotenen Dicke der Wand auf das Nachbargrundstück überbauen. Wenn Streit zwischen den Nachbarn darüber entsteht, ob der Bauherr das Grundstück des Nachbarn in einem zu weiten Umfang in Anspruch genommen hat, muss hierüber das Gericht entscheiden, das sich dabei des Gutachtens eines Bausachverständigen bedienen wird.
2. Auf seinem eigenen Grundstück darf der Bauherr die Wand dicker bauen, als zu dem beabsichtigten Zweck notwendig ist. Vgl. auch § 7 Hess.NRG.

§ 3 Hess.NRG
Anbau an die Nachbarwand

(1) Der Eigentümer des Nachbargrundstücks ist berechtigt, an die Nachbarwand anzubauen. Anbau ist die Mitbenutzung der Nachbarwand als Abschlusswand oder zur Unterstützung oder Aussteifung des neuen Bauwerks.

(2) Der anbauende Eigentümer des Nachbargrundstücks ist zur Zahlung einer Vergütung in Höhe des halben Wertes der Nachbarwand, höchstens des halben Wertes einer Nachbarwand im Sinne des § 2 Satz 1 verpflichtet, soweit die Nachbarwand durch den Anbau genutzt ist. Nimmt die Nachbarwand von dem angrenzenden Grundstück eine größere Bodenfläche in Anspruch, als § 2 Satz 2 vorsieht, so ist dies bei der Festsetzung der Vergütung angemessen zu berücksichtigen. Für die Berechnung des Wertes der Nachbarwand und für die Fälligkeit der Vergütung ist der Zeitpunkt der Rohbauabnahme des Anbaus maßgebend. Auf Verlangen ist Sicherheit in Höhe der voraussichtlich zu gewährenden Vergütung zu leisten; in solchem Falle darf der Anbau erst nach Leistung der Sicherheit begonnen oder fortgesetzt werden.

(3) Bis zum Anbau an die Nachbarwand fallen die Unterhaltungskosten dem Eigentümer allein zur Last. Nach dem Anbau sind die Unterhaltungskosten für den gemeinsam genutzten Teil der Nachbarwand von beiden Grundstückseigentümern entsprechend dem Verhältnis ihrer Beteiligung gemäß Abs. 2 Satz 1 und 2 zu tragen.

Anmerkungen

1. Der Eigentümer des Grundstücks, auf das die Nachbarwand übergebaut ist, ist *berechtigt,* aber *nicht verpflichtet,* an die Nachbarwand anzubauen. Unter Anbau ist nicht das Heranbauen bis an die Nachbarwand, also die Errichtung einer zweiten selbständigen Wand, zu verstehen, sondern die *Mitbenutzung* der Nachbarwand für den Bau des neuen Hauses (Abs. 1 Satz 2). Der Nachbar ist natürlich auch berechtigt, lediglich bis an die Nachbarwand heranzubauen, diese also selbst nicht mitzunutzen; dies hat jedoch finanzielle Folgen gemäß § 4 Hess. NRG.

2. Da der Nachbar, der die Nachbarwand errichtet hat, die Kosten für deren Errichtung allein hat tragen müssen, muss ein *Kostenausgleich* vorgenommen werden, wenn der Nachbar anbaut. Abs. 2 regelt die Höhe der Vergütung. Zu zahlen ist der halbe Wert der Nachbarwand, berechnet nach dem Zeitpunkt der Rohbauabnahme des neuen Baues, also die Hälfte des Zeitwertes der Wand im Augenblick der Rohbauabnahme des neuen Baues. Im Höchstfalle kann der Nachbar, der die Nachbarwand errichtet hat, jedoch nur die Hälfte des Wertes einer Nachbarwand erstattet verlangen, den – berechnet auf den Zeitpunkt der Rohbauabnahme – eine Nachbarwand in der für den beabsichtigten Zweck ausreichenden Art und Dicke hätte.
3. Der Wertberechnung wird die Nachbarwand nur in dem Umfang zugrunde gelegt, wie sie – der Länge oder der Höhe nach – von dem anbauenden Nachbarn mitbenutzt wird. Wenn dieser z. B. die Nachbarwand nur in halber Länge, aber in voller Höhe mitbenutzt, hat er zu den Kosten der Hälfte der Wand beizutragen.
4. Zugunsten des anbauenden Nachbarn ist die Vergütung zu mindern, wenn der Erbauer der Nachbarwand von dem Grundstück des Zahlungspflichtigen eine größere Bodenfläche in Anspruch genommen hat, als notwendig war (Abs. 2 Satz 2).
5. Wegen der Eigentumsverhältnisse nach dem Anbau vgl. Anmerkung 5 b zu § 1 Hess.NRG (Seite 66).
6. Die *Unterhaltungskosten* haben die beteiligten Grundstückseigentümer nach dem Anbau in dem gleichen Verhältnis zu tragen, wie ihnen unter Berücksichtigung der Dicke der Wand und des Umfangs ihrer Nutzung die Herstellungskosten anteilig zur Last fallen.

§ 4 Hess.NRG
Nichtbenutzen der Nachbarwand

(1) Wird das spätere Bauwerk nicht an die Nachbarwand angebaut, so hat der anbauberechtigte Eigentümer des Nachbargrundstücks für die durch die Errichtung der Nachbarwand entstandenen Mehraufwendungen gegenüber den Kosten der Herstellung einer Grenzwand (§ 8 Abs. 1) Ersatz zu leisten; dabei ist in angemessener Weise zu berücksichtigen, dass das Nachbargrundstück durch die Nachbarwand teilweise weiter genutzt wird. Der zu erstattende Betrag darf jedoch nicht höher sein als der, den der Eigentümer des Nachbargrundstücks im Falle des Anbaus nach § 3 Abs. 2 Satz 1 bis 3 zu zahlen hätte. Der Anspruch wird mit der Rohbauabnahme des späteren Bauwerks fällig.

(2) Der anbauberechtigte Eigentümer des Nachbargrundstücks ist ferner verpflichtet, die Fuge zwischen der Nachbarwand und seinem an die Nachbarwand herangebauten Bauwerk auf seine Kosten bündig mit der Außenfläche seines Bauwerks zu verdecken.

Anmerkungen

1. Falls der anbauberechtigte Nachbar auf seinem Grundstück ein Bauwerk errichtet, ohne die Nachbarwand zu benutzen, d.h. also, wenn er nur bis an die Nachbarwand heranbaut, ist ein finanzieller Ausgleich zwischen den beiden Nachbarn erforderlich. Dies ergibt sich daraus, dass nunmehr eine veränderte Interessenlage vorliegt und der ursprünglich beabsichtigte Zweck nicht mehr erreicht werden kann. Abs. 1 sieht die Zahlung einer Entschädigung an den Nachbarn, der die Nachbarwand errichtet hat, in diesem Falle vor und bestimmt die Fälligkeit der Forderung.
2. Abs. 2 trifft im bautechnischen Interesse Vorsorge, dass bei Nichtbenutzen der Nachbarwand für das zweite Gebäude die Fuge zwischen beiden Wänden bündig mit der Außenfläche des neuen Bauwerks verdeckt wird.

§ 5 Hess.NRG
Beseitigen der Nachbarwand

(1) Der Eigentümer der Nachbarwand ist berechtigt, die Nachbarwand ganz oder teilweise zu beseitigen, solange und soweit noch nicht angebaut ist.

(2) Das Recht nach Abs. 1 besteht nicht, wenn der anbauberechtigte Eigentümer des Nachbargrundstücks die Absicht, die Nachbarwand ganz oder teilweise durch Anbau zu nutzen, dem Eigentümer der Nachbarwand anzeigt und spätestens binnen 6 Monaten den erforderlichen Bauantrag bei der Bauaufsichtsbehörde einreicht.

(3) Abs. 2 ist nicht anwendbar, wenn der Eigentümer der Nachbarwand, bevor er eine Anzeige nach Abs. 2 erhalten hat, die Absicht, die Nachbarwand ganz oder teilweise zu beseitigen, dem Eigentümer des Nachbargrundstücks anzeigt und spätestens binnen 6 Monaten den erforderlichen Bauantrag bei der Bauaufsichtsbehörde einreicht.

(4) Gehen die Anzeigen nach Abs. 2 und 3 ihren Empfängern gleichzeitig zu, so hat die Anzeige nach Abs. 3 keine Rechtswirkung.

(5) Macht der Eigentümer der Nachbarwand von seinem Beseitigungsrecht zulässigen Gebrauch, so hat er dem Eigentümer des Nachbargrundstücks für die Dauer der Nutzung des Nachbargrundstücks durch den hinübergebauten Teil der Nachbarwand eine angemessene Vergütung zu leisten. Beseitigt der Eigentümer der Nachbarwand diese ganz oder teilweise, obwohl gemäß Abs. 2 ein Recht hierzu nicht besteht, so hat er dem anbauberechtigten Eigentümer des Nachbargrundstücks Ersatz für den durch die völlige oder teilweise Beseitigung der Anbaumöglichkeit zugefügten Schaden zu leisten; der Anspruch wird mit der Rohbauabnahme des späteren Bauwerks fällig.

Anmerkungen

1. Der Erbauer der Nachbarwand hat das Recht – wegen Ausnahmen siehe Anm. 2 –, die Nachbarwand jederzeit ganz oder teilweise auf seine Kosten abzureißen (Abs. 1). Dies erscheint auch gerechtfertigt, da er auch allein die Kosten für die Errichtung der Wand getragen hat. Wenn der Erbauer die Nachbarwand in zu-

lässiger Weise beseitigt, hat er dem Nachbarn für die zeitweise Benutzung des Nachbargrundstücks durch den Überbau eine angemessene Entschädigung zu zahlen.

2. Der Erbauer der Nachbarwand ist nicht berechtigt, die Wand zu beseitigen,
   a) wenn und soweit der Nachbar bereits angebaut hat (Abs. 1),
   b) wenn der Nachbar angezeigt hat, dass er anzubauen beabsichtigt, und den Bauantrag bei der Bauaufsichtsbehörde binnen sechs Monaten nach erfolgter Anzeige einreicht (Abs. 2).

   Soweit der anbauberechtigte Nachbar die Nachbarwand nicht genutzt hat oder nach der gemachten Anzeige nicht zu nutzen beabsichtigt, ist der Erbauer der Nachbarwand berechtigt, sie zu beseitigen. Die Anzeige, die der anbauberechtigte Nachbar macht, muss deshalb angeben, in welchem Umfang angebaut werden soll, ob in voller Höhe und Länge; die Anzeige wird zweckmäßigerweise so vorgenommen, dass im Streitfall der Tag des Zugangs feststellbar ist, z. B. durch Einschreiben oder sogar durch Einschreiben mit Rückschein.

3. Der Eigentümer der Nachbarwand, der die Wand beseitigen will, mit dem Abriss aber noch nicht beginnen kann, hat die Möglichkeit, einer Anzeige des anbauberechtigten Nachbarn, dass dieser anbauen wolle (Abs. 2, vgl. Anm. 2 b), dadurch zuvorzukommen, dass er seinerseits eine Anzeige nach Abs. 3 macht. Einer später eingehenden Anzeige des anbauberechtigten Nachbarn kommt dann keine Wirkung zu, wenn der Eigentümer der Nachbarwand binnen sechs Monaten den Abrissantrag bei der Bauaufsichtsbehörde einreicht.

   Das Gesetz regelt auch folgenden Sonderfall: Gehen die gegenseitigen Anzeigen beiden Nachbarn gleichzeitig zu, so hat die Anzeige des Anbauberechtigten den Vorzug, d. h. der Erbauer ist nicht berechtigt, die Wand zu beseitigen.

   Aus diesen Gründen ist es erforderlich, möglichst frühzeitig dem anderen Nachbarn seine Absicht mitzuteilen, um auszuschließen, dass dieser zuvorkommt. Allerdings wird die Anzeige hinfällig, wenn ihr nicht binnen sechs Monaten die Einreichung des Bau- bzw. Abrissantrags bei der Bauaufsichtsbehörde folgt.

4. Abs. 5 Satz 2 sieht eine Schadensersatzpflicht vor, wenn der Erbauer der Nachbarwand diese unberechtigt beseitigt. Auf Vorbem. 5 (Seite 64) wird verwiesen.

§ 6 Hess.NRG
Erhöhen der Nachbarwand

Jeder Grundstückseigentümer ist berechtigt, die Nachbarwand in voller Dicke auf seine Kosten zu erhöhen. Für den erhöhten Teil der Nachbarwand gelten die §§ 3, 4 Abs. 2 sowie § 5 Abs. 1 bis 4 und Abs. 5 Satz 2 entsprechend.

Anmerkungen

1. Ist die Nachbarwand auf Grund einer Vereinbarung zwischen den Grundstückseigentümern errichtet, so bedeutet es grundsätzlich keine Beeinträchtigung des einen, wenn der andere die Wand ihrer ganzen Dicke nach erhöht. Auch hier hängt die Zulässigkeit des Bauvorhabens davon ab, dass öffentlich-rechtliche Vorschriften nicht entgegenstehen (§ 45 Hess.NRG).

2. Satz 2 nimmt auf verschiedene vorangehende Vorschriften Bezug. Dies bedeutet, dass an die Erhöhung angebaut werden kann, dass ferner im Falle des Aufstockens ohne Anbau der fugenlose Abschluss herzustellen ist und die Erhöhung nicht mehr verändert oder beseitigt werden darf, wenn der Eigentümer des Nachbargrundstücks seine Absicht, anbauen zu wollen, angezeigt hat und den Bauantrag binnen 6 Monaten bei der Bauaufsichtsbehörde einreicht.

§ 7 Hess.NRG
Verstärken der Nachbarwand

Jeder Grundstückseigentümer darf die Nachbarwand auf seinem Grundstück verstärken.

Anmerkungen

1. Die Vorschrift besagt eigentlich etwas Selbstverständliches. Jeder der beiden Grundstückseigentümer darf auf seinem Grundstück die Nachbarwand jederzeit und ohne Einverständnis des Nachbarn verstärken. Dem Bauvorhaben dürfen aber öffentlich-rechtliche Vorschriften nicht entgegenstehen (vgl. § 45 Hess. NRG).
2. Die *Kosten* der Verstärkung hat allein der Nachbar zu tragen, der die Verstärkung der Wand vornimmt.

V. Grenzwand

Vorbemerkungen

1. Die Grenzwand steht – im Gegensatz zu der Nachbarwand, §§ 1 bis 7 Hess.NRG – nur auf dem Grundstück des Erbauers, reicht also nicht auf das Grundstück des Nachbarn hinüber, vgl. Abb. 4 und 5. Sie hat der Erbauer auf eigene Kosten errichtet. Der Nachbar darf aber mit Einwilligung des Erbauers der Wand an die Grenzwand anbauen, d. h. die Wand als Abschlusswand oder zur Unterstützung oder Aussteifung des neuen Bauwerks mitbenutzen.

2. Im Partikularrecht war die Grenzwand nicht geregelt. Der Entwurf zum Bundesbaugesetz (Bundestags-Drucksache Nr. 336/III. Wahlperiode) enthielt in dem Abschnitt „Bauliches Nachbarrecht", der nicht Gesetz geworden ist, in den §§ 169 ff. Vorschriften über die Grenzwand und in § 168 eine Vorschrift über die Gründungstiefe. Das Hess.NRG hat die Grundgedanken dieser Bestimmungen übernommen.

3. Das Hess.NRG ist am 01.11.1962 in Kraft getreten (§ 49 Hess. NRG). Der Umfang von Rechten, die vorher begründet worden sind, richtet sich seit dem 01.11.1962 nach den Vorschriften des Hess. NRG (§ 46).

4. Nach § 45 Hess.NRG können die beteiligten Nachbarn andere Vereinbarungen treffen, als das Gesetz vorsieht.

5. Wegen einer die Grenzwand betreffenden Streitigkeit kann Klage vor dem ordentlichen Gericht erst erhoben werden, wenn zuvor ein Schlichtungsversuch durchgeführt worden und erfolglos geblieben ist, vgl. § 1 Abs. 1 Nr. 1 Buchst. e) des in Anhang 3 (Seite 214) abgedruckten Gesetzes.

§ 8 Hess.NRG
Anbau an eine Grenzwand

(1) Grenzwand ist die an der Grenze zum Nachbargrundstück auf dem Grundstück des Erbauers errichtete Wand.

(2) Der Eigentümer des Nachbargrundstücks darf eine Grenzwand durch Anbau nutzen, wenn der Eigentümer der Grenzwand einwilligt. Anbau ist die Mitbenutzung der Grenzwand als Abschlusswand oder zur Unterstützung oder Aussteifung des neuen Bauwerks.

(3) Der anbauende Eigentümer des Nachbargrundstücks hat eine Vergütung in Höhe des halben Wertes der Grenzwand, soweit sie durch den Anbau genutzt ist, zu zahlen und ferner eine angemessene Vergütung dafür zu leisten, dass er den für die Errichtung einer eigenen Abschlusswand erforderlichen Baugrund einspart. Für die Berechnung des Wertes der Grenzwand und für die Fälligkeit der Vergütung ist der Zeitpunkt der Rohbauabnahme des Anbaus maßgebend. Auf Verlangen ist Sicherheit in Höhe der voraussichtlich zu gewährenden Vergütung zu leisten; in solchem Falle darf der Anbau erst nach Leistung der Sicherheit begonnen oder fortgesetzt werden.

(4) Nach dem Anbau sind die Unterhaltungskosten für den gemeinsam genutzten Teil der Grenzwand von den beiden Grundstückseigentümern zu gleichen Teilen zu tragen.

Anmerkungen

1. Der Anbau an die Grenzwand setzt die Einwilligung des Erbauers der Wand voraus. Unter Anbau ist auch hier – wie bei der Nachbarwand, § 3 Abs. 1 Hess.NRG – die Mitbenutzung der Grenzwand als Abschlusswand oder zur Unterstützung oder Aussteifung des neuen *Bauwerks* zu verstehen. Dem Bauvorhaben dürfen öffentlich-rechtliche Vorschriften nicht entgegenstehen (§ 45 Hess.NRG), insbesondere muss die Grenzwand auch für die durch den Anbau entstehende erhöhte Belastung ausreichen. Wegen der Bedeutung des Begriffs „Bauwerk“ und „Wand“ vgl. Anm. 1 und 2 zu § 1 Hess.NRG (Seite 65, 66).

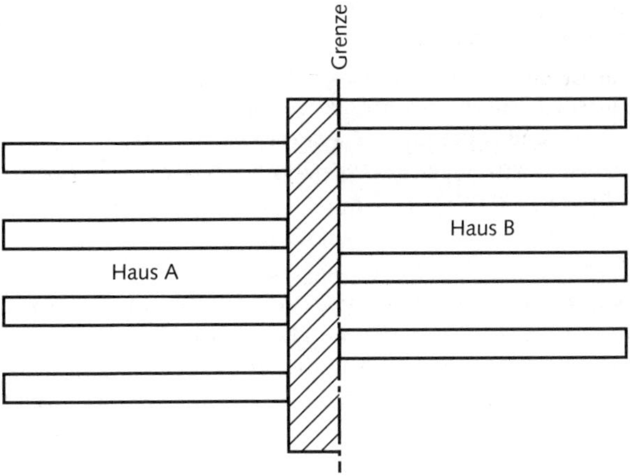

Abb. 5: Grenzwand (Grundriss)

2. Die Grenzwand steht bis zum Anbau im Alleineigentum des Erbauers, nach dem Anbau nach herrschender Meinung im Miteigentum beider Nachbarn.
3. Abs. 3 regelt die Höhe und die Fälligkeit der *Entschädigung,* die der anbauende Nachbar an den Erbauer der Grenzwand zu zahlen hat. Es gilt das in Anm. 2 und 3 zu § 3 Hess.NRG Gesagte (Seite 69) auch hier. Bei der Grenzwand ist zugunsten des Erbauers der Grenzwand zu berücksichtigen, dass der anbauende Nachbar den für die Errichtung einer eigenen Abschlusswand erforderlichen Baugrund einspart.
4. Bis zu dem Anbau hat der Erbauer der Grenzwand die *Unterhaltungskosten* allein zu tragen. Abs. 4 regelt, wer die Unterhaltungskosten nach dem Anbau zu tragen hat, nämlich beide Grundstückseigentümer zu gleichen Teilen.

§ 9 Hess.NRG
Errichten einer zweiten Grenzwand

Steht auf einem Grundstück ein Bauwerk an der Grenze und wird später auf dem Nachbargrundstück an dieser Grenze ein Bauwerk errichtet, aber nicht an die Grenzwand angebaut, so ist dessen Erbauer verpflichtet, die Fuge zwischen den Grenzwänden auf seine Kosten bündig mit der Außenfläche des Bauwerks zu verdecken.

Anmerkungen

1. Der Nachbar ist nur *berechtigt, nicht verpflichtet,* an die Grenzwand anzubauen, d.h. sie mitzubenutzen. Ihm steht es frei, bei seinem Neubau die Grenzwand nicht mitzubenutzen, sondern neben die vorhandene Grenzwand eine eigene Abschlusswand zu setzen. Er hat dann lediglich die Verpflichtung, die Fuge zwischen den beiden Wänden zu verputzen.
2. Die geringen *Kosten* für das Verputzen der Fuge hat der zu tragen, der den zweiten Bau ausführt.

§ 10 Hess.NRG
Besondere Gründung

(1) Auf Verlangen des Eigentümers des Nachbargrundstücks ist der Erbauer eines an der gemeinsamen Grenze zu errichtenden Bauwerks verpflichtet, eine solche Gründung vorzunehmen, dass bei der späteren Durchführung des Bauvorhabens des Eigentümers des Nachbargrundstücks zusätzliche Baumaßnahmen vermieden werden. Der Eigentümer des Nachbargrundstücks kann das Verlangen nur bis zum Eingang des Bauantrags bei der Bauaufsichtsbehörde dem Bauherrn gegenüberstellen.

(2) Die durch das Verlangen nach Abs. 1 entstehenden Mehrkosten sind zu erstatten. In Höhe der voraussichtlich erwachsenden Mehrkosten ist auf Verlangen des Bauherrn binnen zwei Wochen Vorschuss zu leisten. Der Anspruch auf die besondere Gründung erlischt, wenn der Vorschuss nicht fristgerecht geleistet wird.

(3) Soweit der Bauherr die besondere Gründung auch zum Vorteil seines Bauwerks ausnutzt, beschränkt sich die Erstattungspflicht des Eigentümers des Nachbargrundstücks auf den angemessenen Kostenanteil. Bereits gezahlte Kosten können zurückgefordert werden.

Anmerkungen

1. § 10 Hess.NRG kommt einem wirtschaftlichen Bedürfnis entgegen: Wird an der Grenze zum Nachbargrundstück ein Haus gebaut, so ist es zweckmäßig, bei dessen Gründung auf ein Bauvorhaben des Eigentümers des Nachbargrundstücks Rücksicht zu nehmen, wenn dieser beabsichtigt, später an der gleichen Stelle ein Bauwerk mit einer besonderen – z.B. tieferen oder verstärkten – Gründung zu errichten. Denn sonst könnten unter Umständen kostspielige Aufwendungen dadurch erwachsen, dass das zuerst erbaute Haus abgestützt und entsprechend gesichert werden müsste. Daher muss auf Verlangen des Eigentümers des Nachbargrundstücks bereits das erste Bauwerk entsprechend besonders gegründet werden.
2. Damit das Bauvorhaben des Ersterbauers nicht unnötig verzögert wird, ist bestimmt, dass der Eigentümer des Nachbargrundstücks sein Verlangen nur so lange stellen kann, als der Bauantrag für das erste Bauwerk bei der Baubehörde noch nicht eingegangen ist. Wenn der Nachbar, der den zweiten Bau mit der tieferen Gründung auszuführen beabsichtigt, nicht rechtzeitig von dem Bauvorhaben des Ersterbauers erfährt, hat er kein Recht darauf, dass der andere die tiefere Gründung vornimmt. Deshalb ist es zweckmäßig, wenn er für später solche Absichten hat, dem Nachbarn dies möglichst frühzeitig – erforderlichenfalls durch Einschreibebrief – mitzuteilen.
3. Auf Verlangen ist *Vorschuss* für die Mehrkosten, die durch die tiefere Gründung entstehen, zu leisten. Wenn der Vorschuss nicht rechtzeitig gezahlt wird, erlischt der Anspruch auf die tiefere Gründung.

§ 10 a Hess.NRG
Wärmedämmung

(1) Der Eigentümer und die Nutzungsberechtigten eines Grundstücks haben Bauteile, die auf ihr Grundstück übergreifen, zu dulden, wenn

1. **es sich bei den übergreifenden Bauteilen um eine Wärmedämmung handelt, die über die Bauteilanforderungen der Energieeinsparverordnung vom 24.07.2007 (BGBl. I S. 1519), geändert durch Verordnung vom 29.04.2009 (BGBl. I S. 954) [zuletzt geändert durch Verordnung vom 24.10.2015 (BGBl. I S. 1789), Anmerkung der Autoren], in der jeweils geltenden Fassung für bestehende Gebäude nicht hinausgeht,**
2. **eine vergleichbare Wärmedämmung auf andere Weise mit vertretbarem Aufwand nicht vorgenommen werden kann und**
3. **die übergreifenden Bauteile**
   a) **an einer vorhandenen einseitigen Grenzwand auf dem Nachbargrundstück angebracht werden,**
   b) **die Benutzung des betroffenen Grundstücks nicht oder nur geringfügig beeinträchtigen und**
   c) **öffentlich-rechtlichen Vorschriften nicht widersprechen.**

Die Duldungspflicht nach Satz 1 erstreckt sich auch auf die mit der Wärmedämmung zusammenhängenden notwendigen Änderungen von Bauteilen.

(2) Für die Verpflichtung zum Schadensersatz und zur Anzeige gelten die §§ 23 und 24 entsprechend mit der Maßgabe, dass die Frist zur Anzeige einen Monat beträgt und die Anzeige Art und Umfang der Baumaßnahme umfassen muss.

(3) Dem Eigentümer des betroffenen Grundstücks ist ein angemessener Ausgleich in Geld zu leisten. Sofern nichts anderes vereinbart wird, gelten § 912 Abs. 2 und die §§ 913 und 914 des Bürgerlichen Gesetzbuchs entsprechend.

§ 10 b Hess.NRG
Über die Grenze gebaute Wand

Die Vorschriften für die Grenzwand gelten entsprechend für eine über die Grenze hinausreichende Wand, die keine Nachbarwand im Sinne von § 1

Abs. 1 ist und zu deren Duldung der Eigentümer und die Nutzungsberechtigten des Nachbargrundstücks verpflichtet sind.

Anmerkungen

Um die Energieeinsparung zu steigern, sind Maßnahmen der Wärmedämmung auch dann zulässig, wenn diese bei einem bis zur gemeinsamen Grundstücksgrenze reichenden Haus in das benachbarte Grundstück hineinragen. Hiermit wird erstmals eine Pflicht des Grundstückseigentümers oder des Nutzungsberechtigten eingeführt, übergreifende der Wärmedämmung dienende Bauteile des Nachbargrundstücks zu dulden. Der hierin liegende Eingriff in das Eigentumsrecht des in Anspruch genommenen Nachbarn ist in Anlehnung an das Urteil des Bundesverfassungsgerichts vom 19.07.2007 (NJW-RR 2008, 26) mit Art. 14 GG vereinbar, zumal die Duldungspflicht an enge Voraussetzungen geknüpft ist: Es muss gewährleistet sein, dass das Grundstück des betroffenen Nachbarn nicht über Gebühr in Anspruch genommen wird. Einerseits darf der Bauherr nur eine solche Wärmedämmung anbringen, die dem energetischen Standard für die Änderung oder Erweiterung von Bestandsbauten entspricht. Weitergehende und aufwändigere Dämmmaßnahmen, die über den Mindeststandard der Energieeinsparverordnung in der jeweils geltenden Fassung hinausgehen und möglicherweise eine stärkere Beeinträchtigung des Nachbargrundstücks zur Folge hätten, hat der betroffene Nachbar, dessen in Art. 14 GG geschütztes Eigentumsrecht berührt ist, nicht zu dulden. Andererseits soll der Nachbar den Bauherrn nur dann auf eine andere Art der Wärmedämmung verweisen können, wenn diese mit der vorgesehenen Ausführung vergleichbar ist und mit vertretbarem Aufwand vorgenommen werden kann. Dabei ist zu berücksichtigen, dass insbesondere die Anbringung einer Innendämmung je nach Gebäude und gerade bei Vorliegen von Wasser-, Abwasser- und sonstigen Versorgungsleitungen im Bereich der Außenwand nur mit einem ganz erheblichen Aufwand oder gar nicht möglich und auch bauphysikalisch wegen kaum zu beseitigender Wärmebrücken nicht in jedem Fall sinnvoll ist. Auch ist es in der Regel nicht sachgerecht, den Bauherren auf den Einsatz von extrem dünnen Hochleistungs-Dämmstoffen zu verweisen. Diese sind zum einen sehr teuer und damit nicht wirtschaftlich, zum anderen, wie beispielsweise im Fall der Verwendung von Vakuum-Isolationspaneelen, auch gegen Beschädigungen sehr empfindlich.

Weiterhin darf die Nutzung des betroffenen Grundstücks nicht oder nur geringfügig beeinträchtigt werden. Eine nur geringfügige Beeinträchtigung wird in der Regel dann nicht mehr vorliegen, wenn der Nachbar seinerseits nach den öffentlich-rechtlichen Vorschriften bis zur gemeinsamen Grundstücksgrenze bauen darf. Eine Duldungspflicht kommt daher grundsätzlich nur bei der einseitigen Grenzwand in Betracht. Ob etwa bei versetzten Gebäuden (zum Beispiel bei versetzt gebauten Reihenhäusern) oder bei unterschiedlichen Gebäudehöhen eine andere Betrachtung geboten ist, muss der konkreten Abwägung der beiderseitigen Interessen und geschützten Rechtsgüter im Einzelfall vorbehalten bleiben.

Ferner dürfen die übergreifenden Bauteile öffentlich-rechtlichen Vorschriften nicht widersprechen. Dies gilt nicht nur für das übergreifende Bauteil selbst, sondern auch für seine Befestigung bzw. Anbringung.

Schließlich ist der Begriff der Wärmedämmung nicht im engeren technischen Sinn zu verstehen. Sofern der Nachbar im konkreten Fall die Dämmung zu dulden hat, erstreckt sich diese Verpflichtung auch auf die mit der Dämmung in Verbindung stehenden Verkleidungen, Putze, Putzträger oder Unterkonstruktionen.

Die Vorschrift des § 10 a Abs. 1 Satz 2 stellt klar, dass auch alle mit der Wärmedämmung notwendig zusammenhängenden baulichen Änderungen vom Nachbarn zu dulden sind, soweit die übrigen Voraussetzungen des § 10 a Abs. 1 Satz 1 gegeben sind. Dieser Fall ist etwa dann gegeben, wenn es sich bei der Grenzwand um eine Giebelwand handelt, bei der in der Regel das Dach bündig mit der Wand abschließt. In diesem Fall erfordert eine Wärmedämmung zumeist auch eine entsprechende Erweiterung des Daches mindestens in der Dämmstoffstärke. Gleiches kann auch gelten für ein an der Grenzwand befestigtes Fallrohr oder in der Grenzwand befindliche Fenster, deren Fensterbänke um die Dämmstoffstärke verlängert werden müssen.

Durch die Verweisung in § 10a Abs. 2 auf die Anzeigepflicht nach § 24 wird klargestellt, dass die Baumaßnahme dem betroffenen Nachbarn vor Beginn angezeigt werden muss, gegebenenfalls dem unmittelbaren Besitzer des Grundstücks, wenn der Eigentümer oder Nutzungsberechtigte nicht erreichbar ist. Dies ist dem Bauherrn zuzumuten und dient auf der anderen Seite dem Informationsbedürfnis des Nachbarn, dessen Eigentum in Anspruch genommen wird. Die Frist wird abweichend von § 24 mit einem Monat bemessen, da angesichts des Eingriffs in das Eigentumsrecht des Nachbarn ein längerer Prüfungszeitraum geboten ist. Damit der Nachbar sich ein ausreichendes Bild von der geplanten Bauausführung machen kann, hat die Anzeige auch Art und Umfang der Baumaßnahme zu enthalten.

Nach § 10a Abs. 3 ist der Bauherr, der fremdes Eigentum in Anspruch nimmt, dem beeinträchtigten Nachbarn zum finanziellen Ausgleich verpflichtet. Durch die Verweisung auf §§ 912 Abs. 2 sowie 913 und 914 BGB wird eine Übereinstimmung mit den entsprechenden bundesgesetzlichen Vorschriften hergestellt (vgl. Anmerkungen zu diesen Vorschriften Seite 60ff.).

VI. Fenster- und Lichtrecht

Vorbemerkungen

1. Das **Fensterrecht** regelt, ob und inwieweit der Grundstückseigentümer Fenster mit Sicht nach dem Nachbargrundstück errichten darf. Das **Lichtrecht** schützt die einmal angelegten Fenster gegen nachbarliche Eingriffe.

2. Das Fenster- und Lichtrecht war im **bisherigen Recht** verschieden geregelt:

Die Anlage von Fenstern war nach *gemeinem, fuldischem, nassauischem und nassauisch-katzenelnbogischem Recht* (Teil 6 Kap. III § 1 der Landesordnung vom 01.05.1711) ohne jede Einschränkung zulässig. Schlechthin verboten war die Anlage von Fenstern nach Haus, Hof oder Garten des Nachbarn nach Mainzer Landrecht (Titel VII § 34, Titel VIII § 13 der Landesordnung vom 24.07.1755) und der Frankfurter Reformation vom 10.09.1611, die allerdings für Frankfurt und Sachsenhausen nur bis 1809 galt, aber in sonstigen Gebieten weiter in Kraft war. Nach Teil 8 Titel VII §§ 2 und 3 der Frankfurter Reformation waren lediglich Dachluken zulässig, die verschlossen, mit eisernen Geremsen versehen und in einem Abstand von 15 Werkschuh voneinander errichtet waren.

Das hessische, kurhessische und preußische Recht sowie das Frankfurter Baustatut vom 11.06.1809 schrieben für Fenster mit Sicht nach fremden Grundstücken bestimmte Abstände vor.

Für das Gebiet des damaligen *Großherzogtums Hessen* sah Art. 50 der Hessischen Allgemeinen Bauordnung vom 30.04.1881 vor, dass die Anlage von Fenstern in einer Brandmauer zulässig sei, wenn diese 3 Meter Gebäudeabstand einhalte. Stand die Brandmauer jedoch unmittelbar auf der Grenze, so mussten Fenster im Erdgeschoss mindestens 2,60 Meter und in höheren Stockwerken mindestens 1,90 Meter hoch über dem Fußboden des Erdgeschosses bzw. des höheren Stockwerkes angebracht sein, durften nicht zu öffnen sein und mussten mit Stäben vergittert werden. Diese Vorschriften wurden durch § 87 Abs. 1 Nr. 6 Hess. BauO vom 09.07.1957 aufgehoben.

Nach § 22 der *Kurhess. Bauordnung* vom 09.01.1784 mussten offene Fenster 3 bis 4 Zoll von der Grenze zurückbleiben. Voraussetzung war im Übrigen, dass die Hauswand wenigstens 4 Fuß von der Wand des Nachbargebäudes entfernt war und hiervon 2 Fuß eigenes Land waren; ferner durften die Fenster nicht unmittelbar den bereits vorhandenen Fenstern des Nachbarn gegenüberliegen (§ 28 a.a.O.). Offene Fenster waren solche, die zur Beschaffung von Licht und zur Aussicht dienten; als solche kamen auch Fenster in Betracht, die sich nach innen öffneten, zum Herauslegen nicht geeignet waren oder eiserne Stäbe hatten. „Zufenster", das heißt Fenster, die nicht geöffnet werden konnten, durften dicht an der Grenze und auch unmittelbar gegenüber den Fenstern des Nachbarn angebracht werden.

Nach *Preuß. Allg. Landrecht* (Teil I Kap. 8 §§ 137 und 138) waren Fenster und Öffnungen in Wänden zulässig, auch wenn sie freie Einsicht in das Nachbargrundstück gewährten. Es bestand aber die Einschränkung, dass Fenster oder Lichtöffnungen mit eisernen, 2 Zoll voneinander stehenden Stäben oder mit Drahtgitter versehen sein mussten, wenn die Wände, in denen sie sich befanden, auf der Grenze errichtet waren und an Hof oder Garten des Nachbarn anstießen.

Das *Frankfurter Baustatut* schrieb in Kap. 7 §§ 7 bis 10 für die Innenstadt und für Sachsenhausen vor, dass Fenster, die vorhanden waren und für die noch kein Fernsterrecht erworben war, bleiben konnten; der Nachbar konnte aber verlangen, dass sie 8 Fuß über dem jeweiligen Fußboden angebracht wurden, wenn das Zimmer, dem sie Licht brachten, zu ebener Erde lag, und 6 Fuß, wenn das Zimmer in einem höheren Stockwerk lag. Ferner konnte verlangt werden, dass sie mit eisernen Geremsen versehen wurden. Das Anbringen von Fenstern war unbeschränkt gestattet, wenn die Wände, in denen sie sich befanden, mindestens 9 Werkschuh vom Nachbargebäude zurückblieben. Das Anbringen verschlossener Dachgaupen war ohne weiteres zulässig, wenn sie einen Abstand von 15 Werkschuh voneinander hatten; der Nachbar konnte aber verlangen, dass sie mit Läden zu versehen waren. In Brandmauern waren Fenster und sonstige Öffnungen stets unzulässig.

Wegen des *Geltungsbereichs* des früheren Rechts vgl. Abschn. I Nr. 3 (Seite 16 ff.).

3. Ein gesetzlich festgelegtes Lichtrecht war den Partikularrechten unbekannt. Sie kannten ein solches Recht nur, wenn eine dahingehende Vereinbarung getroffen war; vereinzelt war ein Rechtserwerb durch Ersitzung möglich.

4. Das öffentliche Recht schreibt in der HBO zum Zwecke der ausreichenden Besonnung, Belichtung und Belüftung und, um Beeinträchtigungen des Nachbarn zu vermeiden, bestimmte Grenz- und Bauwerksabstände vor. Nach § 6 HBO sind von den Grundstücksgrenzen, die nicht an öffentlichen Verkehrsflächen liegen, bestimmte Mindestabstandsflächen einzuhalten, die nach Art und Höhe der Gebäude verschieden breit sind. Ferner müssen Gebäude von anderen Gebäuden gewisse Mindestabstände einhalten. Auf die Ausführungen über die Bedeutung des öffentlichen Rechts im Nachbarbereich in Abschnitt I Nr. 9 (Seite 20 f.) sowie die im Anschluss daran abgedruckten Vorschriften der HBO (Seite 21 ff.) wird verwiesen. Besondere Vorschriften über das Fensterrecht enthält die HBO nicht.

5. Die Regierungsvorlage eines Hess.NRG enthielt keine Vorschriften über das Fenster- und Lichtrecht. Diese sind erst durch den Hess. Landtag eingefügt worden. Dieser war der Ansicht, das Fenster- und Lichtrecht müsse geregelt werden, man könne es nicht bei dem bisherigen zersplitterten Rechtszustand belassen. Auch war er der Meinung, die öffentlich-rechtlichen Bestimmungen der HBO seien für die Ausgestaltung der privatrechtlichen Sphäre unzureichend, weil Baudispense und -auflagen unter dem Gesichtswinkel der Ordnung des Bauwesens und nicht unter demjenigen des Schutzes des Nachbarn erteilt würden; auch sollten mögliche Streitigkeiten über die Berechtigung von Dispensen oder gar über Baugenehmigungen ohne Dispense nicht im Bereich der Verwaltung ausgetragen werden (Landtags-Drucksache Abt.II Nr. 394/IV. Wahlperiode).

6. Wegen der Fenster und sonstigen Einrichtungen, die bei Inkrafttreten des Hess.NRG, dem 01.11.1962, bereits bestanden, vgl. § 13 Hess.NRG.

§ 11 Hess.NRG
Umfang und Inhalt

(1) In oder an der Außenwand eines Gebäudes, die parallel oder in einem Winkel bis zu 60° zur Grenze des Nachbargrundstücks verläuft, dürfen Fenster oder Türen oder zum Betreten bestimmte Bauteile nur mit Einwilligung des Eigentümers des Nachbargrundstücks angebracht werden, wenn die Fenster, die Türen oder die Bauteile von der Grenze einen geringeren Abstand als 2,5 m einhalten sollen.

(2) Die Einwilligung muss erteilt werden, wenn keine oder nur geringfügige Beeinträchtigungen zu erwarten sind.

§ 12 Hess.NRG
Ausnahmen

§ 11 Abs. 1 gilt nicht,

1. **soweit nach öffentlich-rechtlichen Vorschriften Fenster, Türen oder zum Betreten bestimmte Bauteile anzubringen sind;**
2. **für lichtdurchlässige, jedoch undurchsichtige und gegen Feuereinwirkung widerstandsfähige Wandbauteile;**
3. **für Außenwände gegenüber Grenzen zu öffentlichen Straßen, zu öffentlichen Grünflächen und zu Gewässern.**

Anmerkungen

1. Die Regelung gilt für Fenster, Türen und zum Betreten bestimmte Bauteile, z.B. Terrassen, Balkone, Veranden.
2. Diese Einrichtungen sind unzulässig, wenn
   a) die Außenwand des Gebäudes, in oder an der sie angebracht sind, parallel zur Grundstücksgrenze steht oder sie selbst bzw. in ihrer Verlängerung einen Winkel bis zu 60° zur Grenze des Nachbargrundstücks bildet
   und
   b) die Einrichtungen einen geringeren Abstand als 2,5 m von der Grenze einhalten.
3. Die in Anm. 1 genannten Einrichtungen sind stets zulässig, wenn
   a) der Nachbar einwilligt,

b) die Außenwand des Gebäudes, in oder an der sie angebracht sind, selbst oder in ihrer Verlängerung in einem Winkel von über 60° zur Grundstücksgrenze verläuft, ohne Rücksicht auf den Abstand der Einrichtung von der Grenze (in diesen Fällen braucht die Einrichtung also keinen bestimmten Grenzabstand einzuhalten, dies gilt z. B. auch für einen – vorgebauten – Balkon),
c) die Außenwand wie in Anm. 2 a angegeben verläuft, die Einrichtung aber einen Abstand von 2,5 m oder mehr von der Grenze hat,
d) die Voraussetzungen des § 12 Hess.NRG vorliegen.

4. Für die Zulässigkeit einer Einrichtung ist es nach dem Gesetz von Bedeutung, ob der Winkel, in dem die Außenwand des Gebäudes zur Grenze des Nachbargrundstücks verläuft, bis zu 60° oder mehr beträgt. Ausgangspunkt für die Berechnung des Winkels ist die Außenfront des Gebäudes. Ist sie der Grenze des Nachbargrundstücks zugekehrt, kann nur ein Winkel zwischen 1 und 89° in Betracht kommen, nicht jedoch kommt es auf den sich ebenfalls ergebenden größeren Winkel an. Ist die Außenfront der Außenwand der Grundstücksgrenze des Nachbargrundstücks abgekehrt, kommt für die maßgebende Berechnung der Winkel über 90 Grad in Betracht. Vgl. hierzu die Abb. 6 bis 12.

5. Bei der Berechnung des Abstandes ist der Teil der in Anm. 1 genannten Einrichtung maßgebend, der der Grundstücksgrenze am nächsten kommt.

6. Die erteilte Baugenehmigung befreit nicht von der Einhaltung der privatrechtlichen Vorschriften des § 11 Hess.NRG, vgl. Abschn. I Nr. 8 (Seite 19).

7. In den Fällen des § 12 Hess.NRG ist die Einhaltung des in § 11 Abs. 1 vorgeschriebenen Abstandes der Einrichtungen nicht erforderlich. Der Begriff „gegen Feuereinwirkung widerstandsfähig“ ist DIN 4102 entnommen.

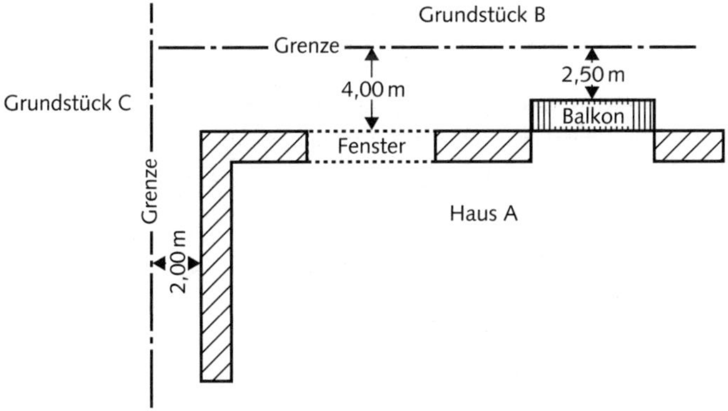

Abb. 6: Zwei Außenwände parallel zu den Grundstücksgrenzen
(Balkon und Fenster zulässig, seitlich wären Fenster und Balkon unzulässig)

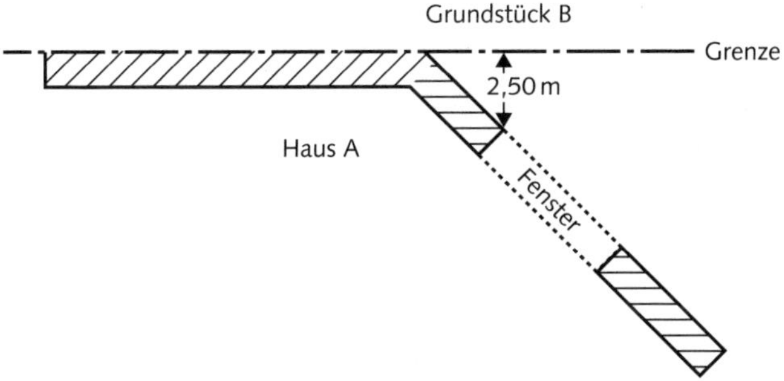

Abb. 7: Außenwand verläuft im Winkel von 45° zur Grundstücksgrenze
(Fenster zulässig)

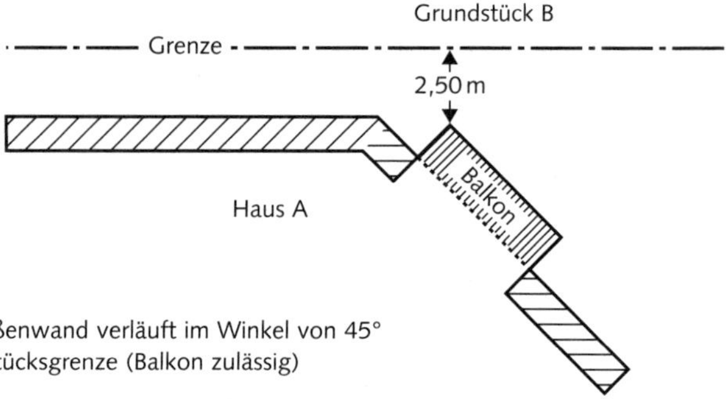

Abb. 8: Außenwand verläuft im Winkel von 45° zur Grundstücksgrenze (Balkon zulässig)

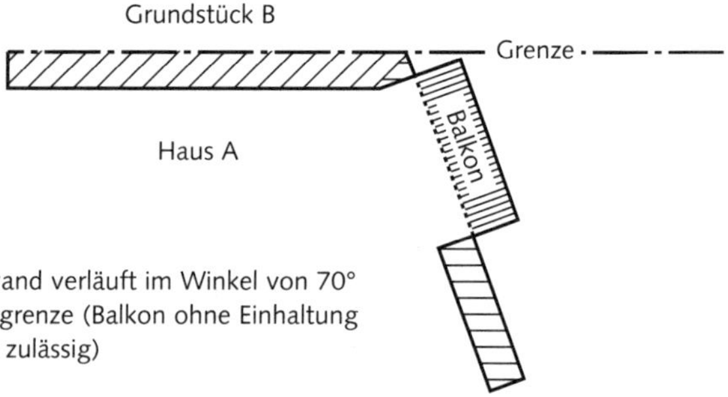

Abb. 9: Außenwand verläuft im Winkel von 70° zur Grundstücksgrenze (Balkon ohne Einhaltung eines Abstandes zulässig)

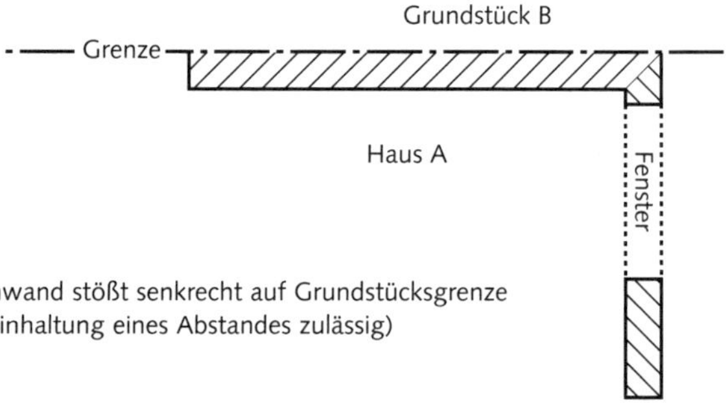

Abb. 10: Außenwand stößt senkrecht auf Grundstücksgrenze (Fenster ohne Einhaltung eines Abstandes zulässig)

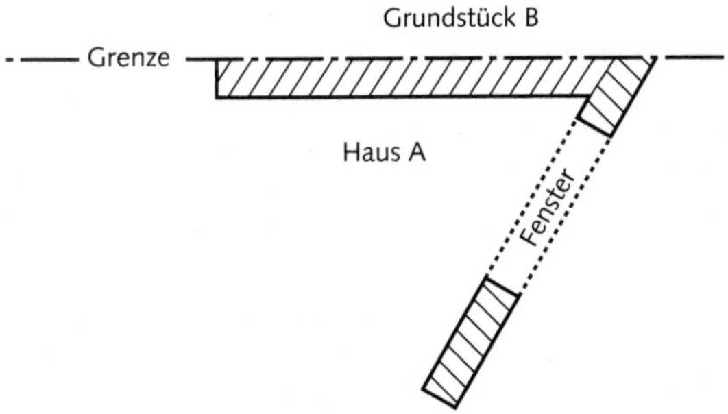

Abb. 11: Außenwand verläuft im Winkel von 120° zur Grundstücksgrenze (Fenster ohne Einhaltung eines Abstandes zulässig)

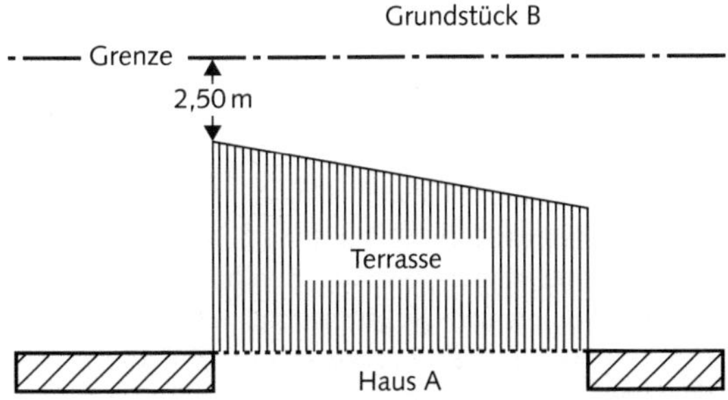

Abb. 12: Außenwand verläuft parallel zur Grundstücksgrenze (Terrasse zulässig)

§ 13 Hess.NRG
Ausschluss des Beseitigungsanspruchs

Der Anspruch auf Beseitigung einer Einrichtung nach § 11 Abs. 1, die einen geringeren als den in § 11 Abs. 1 vorgeschriebenen Abstand einhält, ist ausgeschlossen,

1. **wenn die Einrichtung bei Inkrafttreten dieses Gesetzes vorhanden ist und ihr Abstand dem bisherigen Recht entspricht oder**
2. **wenn der Nachbar nicht binnen einem Jahr nach dem Anbringen der Einrichtung Klage auf Beseitigung erhoben hat; diese Frist beginnt frühestens mit dem Inkrafttreten dieses Gesetzes.**

Anmerkungen

1. Wenn die Einrichtung in unzulässiger Weise angebracht ist, kann der beeinträchtigte Nachbar auf Beseitigung klagen (§ 1004 BGB).
2. Dieses Klagrecht ist ausgeschlossen, wenn
   a) die Einrichtung bei Inkrafttreten des Hess.NRG (01.11.1962) vorhanden war und dem *früheren Recht* entspricht, vgl. hierzu Vorbem. 2 (Seite 84 ff.) und Abschn. I Nr. 3 (Seite 16 ff.) oder
   b) der Nachbar bei Einrichtungen, die am 01.11.1962 vorhanden waren und nicht dem bisherigen Recht entsprechen, nicht binnen eines Jahres Klage auf Beseitigung erhoben hat oder
   c) der Nachbar bei später errichteten Einrichtungen nicht binnen eines Jahres nach dem Anbringen geklagt hat. Diese Klage erfordert nicht den vorgeschalteten außergerichtlichen Schlichtungsversuch („gesetzlich angeordnete Frist" i. S. d. § 1 Abs. 2 Nr. 1 des in Anhang 3 [Seite 214] abgedruckten Gesetzes); a. A., aber wenig überzeugend AG Königstein/Ts. NJW 2003 S. 1954, das entgegen dem klaren Gesetzeswortlaut einen erfolgreichen Schlichtungsversuch für erforderlich hält und deshalb das Ruhen des Klageverfahrens nach § 251 ZPO anordnet (vgl. hierzu Abschnitt I, Nr. 10, Seite 34 f.).

VII. Einfriedung

Vorbemerkungen

1. Über den **früheren Rechtszustand** ergibt sich aus der amtlichen Begründung zum Hess.NRG (Landtags-Drucks. Abt. I Nr. 1092/IV. Wahlperiode) Folgendes:

a) § 8 des Art. XX der Kurhess.VO vom 06.11.1739 sowie Verordnungen für das fuldische Herrschaftsgebiet, für Hanau und Isenburg (vgl. bei Kersting „Die Sonderrechte im Kurfürstentum Hessen" S. 34, 242, 259, 790, 943) bestimmten lediglich, dass die Grundstücksumfriedungen nicht aus Planken oder Pfahlzäunen, sondern aus lebenden Hecken bestehen sollten. Eine Verpflichtung zur Herstellung einer Einfriedung enthielt Nr. 23 der Forst- und Waldordnung für die obere Grafschaft Wied (Wied-Runkel) vom 01.05.1773: „Jeder Untertan sollte durch Schultheiß, Förster und Gericht angewiesen werden, wo und wieviel er annoch zuzumachen und imstande zu halten schuldig sei". Nach § 162 des Teils I Titel 8 des Preuß. Allg. Landrechts war der Eigentümer eines städtischen Grundstücks oder Gartens verpflichtet, den Zaun rechter Hand vom Eintritt in den Haupteingang zu errichten. § 164 a. a. O. verpflichtete den zur Errichtung einer Einfriedung, der ein Gebäude entfernt hatte, das auf der Grenze oder in vorschriftsmäßigem Abstand dazu gestanden und dadurch das Halten einer Scheidung entbehrlich gemacht hatte. Quer- oder Rückenzäune mussten gemeinschaftlich von den beiden Nachbarn angelegt werden (§ 167 a. a. O.).

b) Zur Unterhaltung einer Einfriedung war nach §§ 152 ff. des Teils I Titel 8 des Preuß. Allg. Landrechts der erweisliche oder der aufgrund bestimmter Merkmale der Einfriedung zu vermutende oder zu ermittelnde Eigentümer verpflichtet. § 3 des Art. XIII der Kurhess. Verordnung vom 06.11.1739 – Gartenordnung – bestimmte ganz allgemein, dass jeder seine Scheidewand in gutem Zustand zu erhalten schuldig sei.

c) Über Art und Höhe der Einfriedung enthielten die §§ 169 ff. des Teils I Titel 8 des Preuß. Allg. Landrechts, das nur in den Gemeinden

Neuseesen und Werleshausen galt, ins Einzelne gehende Vorschriften. Entsprechende Bestimmungen und solche über einzuhaltende Abstände fanden sich für Alt-Frankfurt und Sachsenhausen in Art. I § 3 des Frankfurter Wichgesetzes vom 01.04.1851 und für die übrigen Frankfurter Gemarkungen in § 2 Nr. 2 der Polizeiverordnung vom 23.10.1933 (Städt. Anzeigeblatt Frankfurt a. M. S. 558). Ganz allgemein galt der Grundsatz, dass gegenüber öffentlichen Straßen, Wegen und Plätzen Abstände nicht einzuhalten waren. Dagegen ergab sich die Verpflichtung zur Einhaltung eines Abstands mit der Einfriedung gegenüber landwirtschaftlich genutzten Grundstücken im Falle des Bestehens eines Anwende-, Schwengel-, Tret-, Kehr- oder Pflugrechts; denn hierbei handelte es sich um das Recht, mit Pflug und Spannvieh (Nassauisches Recht) oder mit Pflug oder Egge (Fuldisches Recht) oder mit dem Ackerpferd (Waldecksches Recht) auf dem anstoßenden Nachbargrundstück wenden und dieses insoweit betreten zu dürfen. Es war dies eine auf deutschem Herkommen beruhende dingliche Eigentumsbelastung. Dieses Recht war noch im Gebiet des Fuldischen Rechts als Anwenderecht sowie im früheren Kurhessen (vgl. § 8 Art. VI der Kurhess. Verordnung vom 06.11.1739 – Grabenordnung) und im früheren Staat Waldeck als Schwengelrecht gewohnheitsrechtlich erhalten. Abweichend bezeichnete § 118 des Teils I Titels 8 des Preuß. Allg. Landrechts als Pflugrecht den Rain zwischen benachbarten Grundstücken, der in der Regel als gemeinschaftliches Eigentum anzusehen sei; § 119 a. a. O. enthielt das Verbot an die beiden Anlieger, den Rain ohne Einwilligung seiner Miteigentümer zu verändern oder zu schmälern. Ergänzend schrieb früher § 336 des Teils I Titels 17 des Preuß. Allg. Landrechts vor, dass die Mitte des Grabens oder Rains, der die Grenze bestimmt, als eigentliche Grenzlinie zu achten sei; diese Vorschrift ist aber bereits durch Art. 89 Ziff. 1 b Preuß.AGBGB außer Kraft gesetzt worden.

2. Das Hess.NRG regelt, wer eine Einfriedung zu errichten und zu unterhalten hat und wie diese beschaffen sein muss. Das *Anwenderecht* wurde nicht geregelt. Den insoweit kraft Gewohnheitsrechts oder laut Vertrag bestehenden Rechten sowie den landwirtschaftlichen Bedürfnissen im Übrigen wird durch die Vorschrift des § 16 Abs. 1 Hess.NRG in gewissem Umfang Rechnung getragen.

3. § 11 Abs. 2 des Bundesfernstraßengesetzes (Fundstelle vgl. Abkürzungsverzeichnis Seite 12) und § 27 Abs. 2 des Hess. Straßengesetzes (Fundstelle a. a. O.) schreiben vor, dass Zäune und andere mit dem Grundstück nicht fest verbundene Einrichtungen nicht angelegt werden dürfen, wenn sie die Verkehrssicherheit durch Sichtbehinderung beeinträchtigen; soweit sie bereits vorhanden sind, haben die Eigentümer ihre Beseitigung zu dulden; vgl. auch Anm. 2 zu § 40 Hess.NRG (Seite 170).

4. Die vom Hess.NRG getroffenen Regelungen gelten nur, soweit die Nachbarn nichts Gegenteiliges vereinbaren (§ 45 Hess.NRG).

5. Die Rechtsbeziehungen der Nachbarn zueinander richten sich bei Einfriedungen, die bei Inkrafttreten des Hess.NRG (01.11.1962) vorhanden sind, von diesem Zeitpunkt ab nach den Vorschriften des Hess.NRG (§ 46).

§ 14 Hess.NRG
Errichtung

(1) Der Eigentümer eines bebauten oder gewerblich genutzten Grundstücks ist auf Verlangen des Eigentümers des Nachbargrundstücks verpflichtet, sein Grundstück einzufrieden, soweit die Grenze zum Nachbargrundstück nicht mit Gebäuden besetzt ist. Sind beide Grundstücke bebaut oder gewerblich genutzt, so sind die Eigentümer der beiden Grundstücke gegenseitig verpflichtet, bei der Errichtung der Einfriedung mitzuwirken. Stellt das Verlangen nach Satz 1 der Eigentümer eines Grundstücks, das weder bebaut noch gewerblich genutzt ist, aber innerhalb eines im Zusammenhang bebauten Ortsteils gelegen oder in einem Bebauungsplan als Bauland ausgewiesen ist, so ist er berechtigt, bei der Errichtung der Einfriedung mitzuwirken.

(2) Die Einfriedung ist im Falle des Abs. 1 Satz 1 – vorbehaltlich des § 16 Abs. 1 – entlang der Grenze, in den übrigen Fällen auf der Grenze zu errichten.

(3) Als gewerblich genutzt im Sinne des Abs. 1 Satz 1 gilt nicht ein Grundstück, das dem Erwerbsgartenbau dient.

Anmerkungen

1. Nach den §§ 903, 905 BGB kann der Eigentümer eines Grundstücks – ihm steht nach § 11 des ErbbaurechtsG der Erbbauberechtigte gleich – grundsätzlich frei bestimmen, ob und wie er sein Grundstück einfrieden oder ob er eine vorhandene Einfriedung verändern oder beseitigen will. Diese Freiheit schränkt § 14 Hess.NRG in der Weise ein, dass hinsichtlich der *bebauten* oder *gewerblich genutzten* Grundstücke die *Verpflichtung* begründet wird, auf Verlangen des Eigentümers des Nachbargrundstücks eine Einfriedung im Sinne des § 15 anzubringen. Ein Grundstück, das dem Erwerbsgartenbau dient, gilt nicht als gewerblich genutzt. Wegen des Begriffs „Gebäude" vgl. Anm. 2 zu § 912 BGB (Seite 57).
2. Dieses Verlangen kann auch gestellt werden, wenn *beide* Grundstücke bebaut oder gewerblich genutzt sind. Das Verlangen hat dann die Wirkung, dass beide Eigentümer verpflichtet sind, die Einfriedung gemeinschaftlich zu errichten.
3. Eine Sonderregelung trifft Abs. 1 Satz 3, wenn das Grundstück des Nachbarn, der das Verlangen auf Errichtung einer Einfriedung stellt, zwar nicht bebaut oder gewerblich genutzt ist, aber innerhalb eines im Zusammenhang bebauten Ortsteils gelegen oder im Bebauungsplan als Bauland ausgewiesen ist. In diesem Fall ist der Nachbar, der das Verlangen stellt, berechtigt, bei der Errichtung der Einfriedung mitzuwirken. Diese Regelung ist deshalb getroffen, weil in dem genannten Fall beide Nachbarn nach § 17 Abs. 1 Hess.NRG verpflichtet sind, die Kosten der Errichtung zu gleichen Teilen zu tragen. Durch die Mithilfe bei der Errichtung können die Kosten verringert werden.
4. Die Einfriedung ist zu errichten:
   a) *auf* der Grenze, wenn die Grundstücke beider Nachbarn bebaut oder gewerblich genutzt sind oder diese Voraussetzungen nur bei einem Grundstück vorliegen, aber das andere Grundstück innerhalb eines im Zusammenhang bebauten

Ortsteils gelegen oder in einem Bebauungsplan als Bauland ausgewiesen ist,

b) *entlang* der Grenze, also noch auf dem eigenen Grundstück, wenn die zu a) genannten Voraussetzungen nicht vorliegen; nur entlang und nicht auf der Grenze darf die Einfriedung insbesondere errichtet werden, wenn der Nachbar das Verlangen nach Abs. 1 Satz 1 nicht gestellt hat (BGH in NJW-RR 1997 S. 16).

c) *0,5 m* von der Grenze entfernt, wenn die Voraussetzungen des § 16 Abs. 1 Hess.NRG gegeben sind.

5. Im Falle der Anm. 4b und c steht die Einfriedung im Eigentum des Nachbarn, der sie errichtet hat. Im Falle 4a dürfte Miteigentum beider Nachbarn anzunehmen sein.
6. Der Regelung des Gesetzes liegt der Gedanke zugrunde, dass ein berechtigtes Interesse an der Errichtung einer Einfriedung nur gegenüber bebauten oder gewerblich genutzten Grundstücken anzuerkennen ist, da nur von diesen in der Regel eine gewisse Gefährdung des nachbarlichen Eigentums ausgeht. Bei einem dem Erwerbsgartenbau dienenden Grundstück dagegen kann von solcher Gefährdung keine Rede sein, weshalb dessen Einfriedung nicht verlangt werden kann.
7. Klage auf Einfriedung setzt einen erfolglos gebliebenen Schlichtungsversuch nach § 1 Abs. 1 Nr. 1 Buchst. e) voraus.
8. Wegen der Ausnahmen vgl. § 19 Hess.NRG.

§ 15 Hess.NRG
Beschaffenheit

Die Einfriedung besteht aus einem ortsüblichen Zaun; lässt sich eine ortsübliche Einfriedung nicht feststellen, so besteht sie aus einem 1,2 m hohen Zaun aus verzinktem Maschendraht. Schreiben öffentlich-rechtliche Vorschriften eine andere Art der Einfriedung vor, so tritt diese an die Stelle der in Satz 1 genannten Einfriedungsart.

Anmerkungen

1. Hier wird geregelt, wie die Einfriedung, deren Errichtung verlangt werden kann, auszusehen hat.

   Maßgebend ist in erster Linie das öffentliche Recht (etwa die Satzung einer Gemeinde), soweit dies eine bestimmte Art der Einfriedung – z. B. eine Hecke – vorschreibt; ist dies nicht der Fall, so ist die Ortsüblichkeit maßgebend. Besteht eine solche nicht, so ist ein 1,2 m hoher Zaun aus verzinktem Maschendraht in üblicher Ausführung zu errichten. Sind mehrere Einfriedungsarten ortsüblich, hat der einfriedungspflichtige Grundstückseigentümer ein Wahlrecht (BGH in NJW 1992 S. 2569).

2. Die Nachbarn können jede andere Art der Einfriedung *vereinbaren* und werden dies auch oft tun, z. B. Mauer, Holzzaun, Hecke, Maschendraht in anderer Höhe als 1,2 m oder anderer Ausführung, auch die Anbringung von Plastik- oder Strohwänden. Ohne eine solche Vereinbarung ist es z. B. unzulässig, unmittelbar hinter den Maschendraht-Grenzzaun eine Mauer oder einen (höheren) Holzgeflechtzaun zu setzen (BGH NJW 1979 S. 1408; OLG Frankfurt a. M. NJW-RR 1988 S. 403 und OLGR 1992 S. 71); der Nachbar kann deren Beseitigung vom Errichter verlangen (§ 1004 BGB [abgedruckt Seite 190]).

§ 16 Hess.NRG
Abstand von der Grenze

(1) Die Einfriedung muss von der Grenze eines Grundstücks, das außerhalb eines im Zusammenhang bebauten Ortsteils liegt und nicht in einem Bebauungsplan als Bauland ausgewiesen ist, 0,5 m zurückbleiben, auch wenn ein Verlangen nach § 14 Abs. 1 nicht gestellt worden ist. Dies gilt nicht gegenüber Grundstücken, für die nach Lage, Beschaffenheit oder Größe eine Bearbeitung mit Gespann oder Schlepper nicht in Betracht kommt.

(2) Der Anspruch auf Beseitigung einer Einfriedung, die einen geringeren als den nach Abs. 1 vorgeschriebenen Abstand einhält, ist ausgeschlossen,

1. wenn die Einfriedung bei Inkrafttreten dieses Gesetzes vorhanden ist und ihr Abstand dem bisherigen Recht entspricht oder

2. wenn der Nachbar nicht binnen zwei Jahren nach der Errichtung Klage auf Beseitigung erhoben hat; diese Frist beginnt frühestens mit dem Inkrafttreten dieses Gesetzes.

(3) Wird eine Einfriedung, die einen geringeren als den nach Abs. 1 vorgeschriebenen Abstand einhält, durch eine andere ersetzt, so gilt Abs. 1.

Anmerkungen

1. Einen Abstand von 0,5 m von der Grenze muss die Einfriedung einhalten, wenn
   a) der Eigentümer des Grundstücks zur Errichtung der Einfriedung auf Verlangen verpflichtet ist oder er die Einfriedung aus eigenen Stücken errichtet und
   b) sein Grundstück außerhalb eines im Zusammenhang bebauten Ortsteils liegt und nicht in einem Bebauungsplan als Bauland ausgewiesen ist.

   Der Abstand ist bei abschüssigem Gelände in der Horizontalen zu messen.

2. Der Grenzabstand braucht, auch wenn die Voraussetzungen der Anm. 1 vorliegen, nicht eingehalten zu werden, wenn das benachbarte Grundstück nach Lage, Beschaffenheit oder Größe nicht für eine Bearbeitung mit Gespann oder Schlepper in Betracht kommt. Diese objektive Tatsache hat im Streitfalle der zu beweisen, der sich für berechtigt hält, die Einfriedung unmittelbar an der Grenze zu errichten.

3. Die Vorschrift normiert kein neues Anwende- oder Schwengelrecht, da sie den Eigentümer des Nachbargrundstücks nicht berechtigt, den bei der Errichtung der Umfriedung freizulassenden Streifen von 0,5 m zu befahren oder zu betreten. Im Interesse der Bewirtschaftung von Grundstücken, die sich außerhalb eines im Zusammenhang bebauten Ortsteils befinden, nicht in einem Bebauungsplan als Bauland ausgewiesen sind und regelmäßig

mit Gespann oder Schlepper bearbeitet werden, liegt es aber, dass das Wenden auf ihnen nicht durch eine unmittelbar an oder auf der Grenze stehende Einfriedung behindert wird. Die Größe des Abstandes entspricht dem, der bei bestehenden Anwende- und Schwengelrechten zu deren ungehinderter Ausübung in der Regel für erforderlich erachtet wird. Wegen des Anwende- und Schwengelrechts vgl. Abschn. I Nr. 5 (Seite 18) und Vorbem. 1c (Seite 93 f.).

4. Die *Beseitigung einer Einfriedung*, die den Abstand von 0,5 m von der Grenze nicht einhält, kann nicht verlangt werden, wenn
   a) die Einfriedung bei Inkrafttreten des Hess.NRG (01.11.1962) vorhanden war und ihr Abstand dem *bisherigen Recht* entspricht; vgl. hierzu Vorbem. 1 (Seite 93 f.) und Abschn. I Nr. 3 (Seite 16 f.),
   b) der Nachbar bei Einfriedungen, die am 01.11.1962 vorhanden waren und *nicht* dem bisherigen Recht entsprechen, nicht binnen zwei Jahren Klage auf Beseitigung erhoben hat,
   c) der Nachbar bei später errichteten Einfriedungen nicht binnen zwei Jahren nach Errichtung geklagt hat; diese Klage erfordert nicht den vorgeschalteten außergerichtlichen Schlichtungsversuch („gesetzlich angeordnete Frist" i. S. § 1 Abs. 2 Nr. 1 des in Anhang 3 [Seite 214] abgedruckten Gesetzes).

5. Ist die Einfriedung, die – zulässig oder unzulässig – einen geringeren Abstand als 0,5 m von der Grenze hat, deren Beseitigung aber nach Abs. 2 nicht verlangt werden kann, schadhaft, so können einzelne Teile ergänzt oder erneuert, z. B. einzelne Stangen eines Staketenzaunes ersetzt werden. Handelt es sich aber um eine vollständige Erneuerung der Einfriedung, so darf sie an der bisherigen Stelle nicht mehr errichtet werden.

§ 17 Hess.NRG
Kosten der Errichtung

(1) In den Fällen des § 14 Abs. 1 Satz 2 und 3 tragen die beteiligten Grundstückseigentümer die Kosten der Errichtung der Einfriedung zu gleichen Teilen.

(2) Wird das an ein eingefriedetes Grundstück angrenzende Grundstück bebaut oder gewerblich genutzt, so ist der Eigentümer des angrenzenden Grundstücks, sofern eine Verpflichtung zur Übernahme anteiliger Errichtungskosten für ihn noch nicht entstanden ist, zur Zahlung einer Vergütung in Höhe der Hälfte der Kosten der Errichtung der Einfriedung unter angemessener Berücksichtigung der bisherigen Abnutzung verpflichtet; das Gleiche gilt, wenn das angrenzende Grundstück in den im Zusammenhang bebauten Ortsteil einbezogen oder in einem Bebauungsplan als Bauland ausgewiesen wird, sofern der Eigentümer dieses Grundstücks oder sein Rechtsvorgänger die Errichtung der Einfriedung verlangt hatte.

(3) Der Berechnung sind die Errichtungskosten einer Einfriedung im Sinne des § 15, höchstens die tatsächlichen Aufwendungen, einschließlich der Eigenleistungen, zugrunde zu legen. Ist nur für eines der beiden Grundstücke eine Einfriedungsart nach § 15 Satz 2 vorgeschrieben, so sind der Berechnung die Errichtungskosten einer Einfriedung nach § 15 Satz 1, höchstens die tatsächlichen Aufwendungen, einschließlich der Eigenleistungen, zugrunde zu legen.

Anmerkungen

1. Die *Kosten* der Errichtung einer Einfriedung hat der Eigentümer zu tragen, der auf Verlangen des Nachbarn einseitig *verpflichtet* ist, die Einfriedung zu errichten. Diese einseitige Verpflichtung besteht nur, wenn das Grundstück des Nachbarn, der das Verlangen stellt,
   a) nicht bebaut oder nicht gewerblich genutzt ist (wobei § 14 Abs. 3 Hess.NRG zu beachten ist) oder
   b) nicht innerhalb eines im Zusammenhang bebauten Ortsteils gelegen ist oder
   c) nicht in einem Bebauungsplan als Bauland ausgewiesen ist.

2. In den nicht in Anm. 1 erfassten Fällen haben beide Nachbarn die Kosten der Errichtung zu gleichen Teilen zu tragen. Wegen der Berechnung der Kosten vgl. Abs. 3.

3. Der Nachbar, der die Kosten der Errichtung allein hat tragen müssen, kann nachträglich eine Beteiligung des anderen Nachbarn an den Kosten verlangen. Voraussetzung ist, dass das angrenzende Grundstück
   a) nachträglich bebaut oder gewerblich genutzt wird,
   b) jetzt innerhalb eines im Zusammenhang bebauten Ortsteils gelegen ist oder
   c) jetzt in einem Bebauungsplan als Bauland ausgewiesen ist;

   zu b) und c) ist Voraussetzung ferner, dass der Nachbar früher das Verlangen auf Errichtung der Einfriedung gestellt hatte.

§ 18 Hess.NRG
Kosten der Unterhaltung

(1) Die Kosten der Unterhaltung der Einfriedung tragen die beteiligten Grundstückseigentümer je zur Hälfte, wenn für sie oder ihre Rechtsvorgänger die Verpflichtung zur Tragung von Errichtungskosten begründet worden ist.

(2) § 17 Abs. 3 gilt entsprechend.

Anmerkungen

1. Hat der Nachbar die Kosten der Errichtung allein zu tragen, so fallen ihm auch die Kosten der Unterhaltung und Erneuerung der Einfriedung allein zur Last.

2. Sind beide Nachbarn verpflichtet, die Errichtungskosten gemeinschaftlich zu tragen, so haben sie auch für die Unterhaltskosten je zur *Hälfte* aufzukommen. Unerheblich ist dabei, ob die Kosten für die Errichtung der Einfriedung von dem anderen Nachbarn auch tatsächlich angefordert und gezahlt worden sind.

3. Bei der Berechnung der Unterhaltskosten ist entsprechend § 17 Abs. 3 Hess.NRG zu verfahren, das heißt, der eine Nachbar soll in den Fällen, in denen der andere bei der Errichtung Sonderwünsche hatte oder nur für ihn eine kostspieligere Einfriedung vorgeschrieben ist, hierdurch nicht belastet werden.

§ 19 Hess.NRG
Ausnahmen

Die §§ 14 bis 18 gelten nicht für Einfriedungen zwischen Grundstücken und den an sie angrenzenden öffentlichen Straßen, öffentlichen Grünflächen und Gewässern.

Anmerkungen

Die Vorschrift stellt klar, dass der Eigentümer einer öffentlichen Straße, einer öffentlichen Grünfläche oder eines öffentlichen oder privaten Gewässers nicht berechtigt ist, von dem Eigentümer des angrenzenden Grundstücks die Errichtung einer Einfriedung zu verlangen. Umgekehrt kann ein solches Verlangen auch nicht gegenüber dem Eigentümer des an eine öffentliche Straße, eine öffentliche Grünfläche oder ein Gewässer angrenzenden privaten Grundstücks gestellt werden. Damit entfällt zugleich die Verpflichtung einer Beteiligung an den Herstellungskosten einer Einfriedung und an ihren Unterhaltungskosten; vgl. auch Vorbem. 3 (Seite 95).

Art der Grundstücke	Verlangen auf Errichtung einer Einfriedung kann stellen (§ 14 Abs. 1)	Einfriedung ist zu errichten (§ 14 Abs. 2 § 16 Abs. 1)	Es haben zu tragen die	
			Errichtungskosten (§ 17)	Unterhaltungskosten (§ 18)
1. Die Grundstücke des A und B sind bebaut oder gewerblich genutzt	jeder der beiden Nachbarn	auf der Grenze	A und B je zu ½	A und B je zu ½
2. Das Grundstück des A ist bebaut oder gewerblich genutzt, das Grundstück des B ist unbebaut und nicht gewerblich genutzt, aber innerhalb eines im Zusammenhang bebauten Ortsteils gelegen oder in einem Bebauungsplan als Bauland ausgewiesen	nur B, nicht auch A	auf der Grenze	A und B je zu ½	A und B je zu ½
3. Das Grundstück des A ist bebaut oder gewerblich genutzt, das Grundstück des B ist unbebaut und nicht gewerblich genutzt, auch nicht innerhalb eines im Zusammenhang bebauten Ortsteils gelegen oder nicht in einem Bebauungsplan als Bauland ausgewiesen, die Bearbeitung mit Gespann oder Schlepper kommt nach Lage, Beschaffenheit oder Größe nicht in Betracht	nur B, nicht auch A	entlang der Grenze	A allein	A allein
4. Wie zu 3, aber die Bearbeitung mit Gespann oder Schlepper kommt nach Lage, Beschaffenheit oder Größe in Betracht	nur B, nicht auch A	0,5 m von der Grenze	A allein	A allein
5. Die Grundstücke des A und B sind unbebaut, auch nicht gewerblich genutzt; innerhalb eines im Zusammenhang bebauten Ortsteils gelegen oder in einem Bebauungsplan als Bauland ausgewiesen sind a) beide Grundstücke b) nur ein Grundstück c) kein Grundstück	keiner	–	–	–

Bemerkung: Sonderregelungen bestehen nach § 19 Hess.NRG für Einfriedungen zwischen Grundstücken und den an sie angrenzenden öffentlichen Straßen, öffentlichen Grünflächen und Gewässern.

VIII. Einwirkungen vom Nachbargrundstück

Vorbemerkungen

1. Der Grundstückseigentümer hat eine umfassende Sachherrschaft über sein Grundstück; er kann auf ihm tun und lassen, was er will, vgl. Vorbem. 1 zu Abschn. II und die Anm. 1 bis 4 zu § 903 Satz 1 BGB (Seite 39 ff.). Dies kann jedoch nur im Grundsatz gelten. Denn das Zusammenleben macht es notwendig, dass der eine Nachbar seine Herrschaftsbefugnisse beschränkt und Maßnahmen unterlässt, um den anderen nicht unnötig zu stören, oder dass der Eigentümer gezwungen wird, gewisse Vorkehrungen auf seinem Grundstück zu treffen, weil sonst der andere über Gebühr beeinträchtigt werden könnte. Umgekehrt muss der beeinträchtigte Nachbar gewisse Einwirkungen auf sein Grundstück hinnehmen, ohne hiergegen vorgehen zu können.

2. Mit den **Einwirkungen vom Nachbargrundstück** befassen sich die §§ 906 bis 909 BGB (Zuführung unwägbarer Stoffe, gefahrdrohende Anlagen, drohender Gebäudeeinsturz, Vertiefung) sowie die §§ 20 bis 25 Hess.NRG (Veränderung des Grundwasserspiegels, wild abfließendes Wasser).

§ 906 BGB
Zuführung unwägbarer Stoffe (Immissionen)

(1) Der Eigentümer eines Grundstücks kann die Zuführung von Gasen, Dämpfen, Gerüchen, Rauch, Ruß, Wärme, Geräusch, Erschütterungen und ähnliche von einem anderen Grundstück ausgehende Einwirkungen insoweit nicht verbieten, als die Einwirkung die Benutzung seines Grundstücks nicht oder nur unwesentlich beeinträchtigt. Eine unwesentliche Beeinträchtigung liegt in der Regel vor, wenn die in Gesetzen oder Rechtsverordnungen festgelegten Grenz- oder Richtwerte von den nach diesen

Vorschriften ermittelten und bewerteten Einwirkungen nicht überschritten werden. Gleiches gilt für Werte in allgemeinen Verwaltungsvorschriften, die nach § 48 des Bundes-Immissionsschutzgesetzes erlassen worden sind und den Stand der Technik wiedergeben.

(2) Das Gleiche gilt insoweit, als eine wesentliche Beeinträchtigung durch eine ortsübliche Benutzung des anderen Grundstücks herbeigeführt wird und nicht durch Maßnahmen verhindert werden kann, die Benutzern dieser Art wirtschaftlich zumutbar sind. Hat der Eigentümer hiernach eine Einwirkung zu dulden, so kann er von dem Benutzer des anderen Grundstücks einen angemessenen Ausgleich in Geld verlangen, wenn die Einwirkung eine ortsübliche Benutzung seines Grundstücks oder dessen Ertrag über das zumutbare Maß hinaus beeinträchtigt.

(3) Die Zuführung durch eine besondere Leitung ist unzulässig.

Anmerkungen

1. Die Vorschrift behandelt die Zuführung von *Immissionen*, das heißt sinnlich wahrnehmbaren Einwirkungen. Außer den in Abs. 1 Satz 1 ausdrücklich genannten Störungen kommen vor allem in Betracht: Staub, Sand, Asche, Funken, elektrische Ströme, Bienenflug, Fliegenplage, greller Lichtschein, Störung des Rundfunkempfangs durch nicht abgeschirmte Geräte, auch Flug von Unkrautsamen von verwahrlosten Grundstücken, Chemikalien (BGHZ 90, 255,258), Pestizide (OLG Jena, OLGR 2006, 663). Vgl. hierzu insbesondere die Anm. 8 bis 11. Keine ähnlichen Einwirkungen sind z.B. Fußbälle, vgl. OLG Naumburg, NJOZ 2017, 398). Unzulässig ist es auch, Unkraut-Vernichtungsmittel so zu verwenden, dass der Ertrag des nachbarlichen Bodens in erheblichem Maße beeinträchtigt wird (BGHZ 90, 255). Dem Grundstückseigentümer sind jedoch solche Einwirkungen auf das Nachbargrundstück nicht zuzurechnen, die auf einem Naturgeschehen beruhen, das nicht, auch nicht mittelbar auf seinen Willen zurückgeführt werden kann, z.B. Beeinträchtigung durch Ungeziefer (BGH in NJW 1995 S. 2633 = „Wollläuse-Fall").

Nach § 117 des Gesetzes über Ordnungswidrigkeiten in der Fassung vom 19.02.1987 (BGBl. I S. 602), zuletzt geändert durch Gesetz vom 27.08.2017 (BGBl. I S. 3295), begeht eine Ordnungswidrigkeit, wer „ohne berechtigten Anlass oder in einem unzulässigen oder nach den Umständen vermeidbaren Ausmaß Lärm erregt, der geeignet ist, die Allgemeinheit oder die Nachbarschaft erheblich zu belästigen oder die Gesundheit eines anderen zu schädigen“.

Einschlägig ist ferner das Gesetz zum Schutz gegen Fluglärm i.d.F. vom 31.10.2007 (BGBl. I S. 2550).

2. Der Nachbar muss die Zuführung von Einwirkungen auf sein Grundstück *dulden*, wenn
   a) hierdurch die Benutzung seines Grundstücks nicht oder nur unwesentlich beeinträchtigt wird (Abs. 1, vgl. Anm. 4) oder
   b) eine zwar wesentliche Beeinträchtigung des Grundstücks vorliegt, diese aber durch eine ortsübliche Benutzung des anderen Grundstücks (vgl. Anm. 5) herbeigeführt wird und die wesentliche Beeinträchtigung nicht durch Maßnahmen verhindert werden kann, die dem störenden Nachbarn wirtschaftlich zumutbar sind; in diesem Fall kann er jedoch unter den Voraussetzungen des Abs. 2 Satz 2 einen angemessenen finanziellen Ausgleich beanspruchen, der sich nach den Grundsätzen der Enteignungsentschädigung richtet (BGH NJW-RR 1997 S. 1374 = MDR 1997 S. 1021). Der Ausgleichsanspruch ist verschuldensunabhängig und wird durch die Anlagenhaftung gemäß § 2 Abs. 1 Satz 1 HaftPflG nicht ausgeschlossen (vgl. BGH NJW 2003 S. 2377).
3. In allen über Anm. 2 hinausgehenden Fällen ist die Störung unzulässig. Gleiches gilt, wenn die Einführung der Einwirkungen durch eine besondere Leitung vorgenommen wird (Abs. 3). Wegen Ausnahmen vgl. Anm. 16ff.
4. *Unwesentlich* ist eine Beeinträchtigung in den Fällen der – mit Wirkung vom 01.10.1994 vom Gesetzgeber eingefügten –

Sätze 2 und 3 des § 906 Abs. 1. Allgemeine Verwaltungsvorschriften i. S. des § 906 Abs. 1 Satz 3 sind insbesondere die

- Technische Anleitung zur Reinhaltung der Luft – TA Luft – vom 24.07.2002 (GMBl. S. 511)
- Technische Anleitung zum Schutz gegen Lärm – TA Lärm – vom 26.08.1998 (GMBl. 1998 S. 503). Nach Abschnitt 6.1 TA Lärm betragen die Emissionsrichtwerte außerhalb von Gebäuden z. B. in allgemeinen Wohngebieten tags 55 dB (A) und nachts 40 dB (A).
- Bei Kinderlärm aus einer Kindergartenanlage nahm die Rechtsprechung eine gesteigerte Duldungspflicht des Nachbarn an, die eine Erhöhung des Richtwerts um 3 dB (A) rechtfertige (OLG Celle in MDR 1997 S. 1023). Der Gesetzgeber hat nunmehr in § 22 Ia BImSchG normiert, dass Geräuscheinwirkungen, die von Kindertageseinrichtungen, Kinderspielplätzen und ähnlichen Einrichtungen wie beispielsweise Ballspielplätzen durch Kinder hervorgerufen werden, im Regelfall keine schädliche Umwelteinwirkung sind. Bei der Beurteilung der Geräuscheinwirkungen dürfen Immissionsgrenz- und -richtwerte nicht herangezogen werden.

Darüber hinaus ist es im Einzelfall Tatfrage, ob eine Beeinträchtigung wesentlich ist oder nicht; maßgebend ist hierbei „das Empfinden eines verständigen Durchschnittsmenschen, der seine Lästigkeitsempfindung zugleich in einer wertenden Abgrenzung durch situationsbezogene Abwägung kontrolliert und dabei auch Allgemeininteressen und gesetzliche Wertungen berücksichtigt." (BGHZ 120, 239 ff. = NJW 1993 S. 925; ferner OLG Frankfurt a. M. in OLGR 2003 S. 1 ff.).

Nach OLG Karlsruhe (Urteil vom 09.09.2009, DWW 2010 S. 58 ff.) wird das zumutbare Maß entschädigungslos hinzunehmender Beeinträchtigung durch die von zwei Bäumen auf dem Nachbargrundstück ausgehenden Einwirkungen nicht überschritten.

5. Ob eine Störung *ortsüblich* ist, muss nach den Verhältnissen in der betreffenden Gemeinde oder dem Ortsteil entschieden werden, vgl. BGH, NJW 1959, 1632. Der Begriff ist je nach den Fortschritten des Verkehrs, der Technik und der Denkweise der beteiligten Bevölkerungskreise wandelbar. In einem Industriebezirk sind weitergehende Immissionen hinzunehmen als in einer Wohngegend. Als Orientierungshilfe kommt auch die sog. Freizeitlärm-Richtlinie in Betracht [= Hinweise des Länderausschusses für Immissionsschutz zur Beurteilung der durch Freizeitanlagen verursachten Geräusche (LAI-Hinweise), abgedruckt in NVwZ 1997 S. 469]. Unzumutbare Lärmimmissionen, die von Veranstaltungen in der benachbarten Stadthalle ausgehen, braucht ein Nachbar nicht zu dulden (OLGR 1997 S. 254). Bei Dorffesten muss auf das Ruhebedürfnis der Anlieger Rücksicht genommen werden (BGHZ 111, 63 = NJW 1990 S. 2465). Zum Lärm durch ein Rockkonzert vgl. BGH NJW 2003 S. 3699.
6. Die Störung muss nicht von dem Nachbarn des unmittelbar anschließenden Grundstücks ausgehen. Störer kann auch, z. B. bei Störungen durch Asche oder Ruß, ein entfernt liegender Grundstückseigentümer sein.
7. Einflug von *Bienen*: Wie sich aus Anm. 2 ergibt, zählt zu den Immissionen im Sinne des § 906 BGB auch der Einflug von Bienen. Der beeinträchtigte Nachbar kann jedoch den Einflug einzelner Bienen nicht untersagen. Es muss sich vielmehr um Störungen handeln, die die Benutzung des Grundstücks mehr als unwesentlich beeinträchtigen und die auch nicht ortsüblich sind (vgl. Anm. 4 bis 6). Das gelegentliche Schwärmen von Bienen muss der Nachbar hinnehmen (BGHZ 117,110 = NJW 1992 S. 1389). Der beeinträchtigte Nachbar ist aber nicht gehindert, Hecken oder Zäune anzubringen, die die Bienen zwingen, in größeren Höhen das Grundstück zu überfliegen. Zum Aufstellen von Gift oder dergleichen, um die Bienen zu töten, ist er nicht berechtigt. Der beeinträchtigte Nachbar ist bei dem

Aufstellen von Bienenstöcken auf dem Nachbargrundstück zu einer vorbeugenden Klage nach § 907 BGB nicht befugt, da Bienenstöcke mit dem Grund und Boden nicht fest verbunden sind und daher nicht zu den Anlagen im Sinne des § 907 BGB zählen (vgl. Anm. 3 zu § 907 BGB, Seite 116).

8. Einflug von *Tauben*: Nach herrschender Meinung rechnen einfliegende Tauben zu den Immissionen. Der beeinträchtigte Nachbar ist also berechtigt, gegen den Taubenhalter auf Unterbindung des Einflugs zu klagen, wenn die Voraussetzungen der Anm. 3–5 vorliegen. Für entstandenen Schaden haftet der Taubenhalter nach § 833 BGB. Das frühere Gesetz zum Schutze der Felder und Gärten gegen fremde Tauben ist aufgehoben, vgl. Anm. 4 a.E. zu § 903 Satz 1 (Seite 39).

9. Beeinträchtigungen durch Hühner, Gänse, Enten und sonstiges *Geflügel*: Bei dem Eindringen von Geflügel auf ein Grundstück findet § 906 BGB keine Anwendung, da es sich hierbei nicht um Immissionen handelt. Der beeinträchtigte Nachbar befindet sich im (Verteidigungs)Notstand (§ 228 BGB, vgl. Seite 45), er kann also die eingedrungenen Hühner usw. verjagen, nicht aber einfangen, um sie einzusperren. Er darf jedoch auf seinem Grundstück kein Gift auslegen, um das eingedrungene Geflügel zu töten. Der beeinträchtigte Nachbar ist berechtigt, von dem Geflügelhalter Unterlassung der Beeinträchtigung zu verlangen (§ 1004 BGB), ihm stehen auch wegen des verursachten Schadens im Rahmen des § 833 BGB (Tierhalterhaftung) Schadenersatzansprüche gegen den Geflügelhalter zu. Eier, die Hennen auf einem fremden Grundstück legen, gehören dem Geflügelhalter; wenn der beeinträchtigte Nachbar die Eier an sich nimmt, kann er auf Herausgabe verklagt werden. Hahnenkrähen in 8 bis 10 Meter Entfernung wurde als wesentliche Immission angesehen, vgl. LG München I, NJW-RR 1989, 1178; AG Kenzingen, MDR 2011, 1346.

10. Beeinträchtigungen durch *Hunde und Katzen*: Der beeinträchtigte Nachbar hat – wie im Falle der Anm. 9 – die Möglichkeit,

Notwehrmaßnahmen zu ergreifen. Im Übrigen kann er auf Unterlassung der Störung klagen und gegebenenfalls Schadenersatz verlangen. Zum störenden Hundegebell vgl. LG Darmstadt, Urteil vom 06.11.1992 (1 O 404/92) in DWW 1993 S. 19 und OLG Köln (12 U 40/93) in VersR 1994 S. 434. Insbesondere wird in der Rechtsprechung häufig hinsichtlich anlassbezogenem Gebell und (ständigem) Anschlagen während der Ruhezeiten differenziert, vgl. OLG Brandenburg, NZM 2018, 238.

11. Zum *Froschquaken* in Nachbars Garten vgl. ausführlich BGH, Urteil vom 20.11.1992 in BGHZ 120,239 = NJW 1993, S. 925.

12. Blendungen durch reflektiertes Sonnenlicht infolge eines strahlend weißen Hausanstrichs des Nachbarhauses muss der Grundstückseigentümer hinnehmen (so OLG Düsseldorf, Urteil vom 26.09.1990, MDR 1991 S. 57); a. A. OLG Stuttgart, wenn der Verursacher nicht darlegt und beweist, dass die Lichtreflexionen mit zumutbaren Mitteln nicht ausgeschlossen oder auf ein zumutbares Maß reduziert werden können (ZMR 2010, 684).

13. Beeinträchtigung durch vom Nachbargrundstück herübergewehtes *Laub* sieht die Rechtsprechung zunehmend als – jedenfalls in durchgrünten Wohngebieten – ortsübliche und zumutbare Einwirkung an, die auch keinen Anspruch auf Geldausgleich oder Entschädigung begründe (OLG Frankfurt a. M., NJW-RR 1991 S. 1364, ferner OLGR 1993 S. 110). Dies gilt jedoch nicht, wenn der Baum den vorgeschriebenen Grenzabstand nicht einhält; in diesem Falle kann dem Nachbarn für den erhöhten Reinigungsaufwand infolge des Abfallens von Nadeln und Zapfen dieses Baumes ein nachbarrechtlicher Ausgleichsanspruch nach § 906 Abs. 2 Satz 2 BGB analog zustehen (BGH NJW 2004 S. 1037 [1040/1041]).

14. Beschränkungen des Grundeigentümers bringt § 14 BImSchG (früher § 26 GewO). Er kann hiernach, so weit es sich um Einwirkungen von unanfechtbar genehmigten Anlagen handelt, nur Vorkehrungen verlangen, die die benachteiligenden Wir-

kungen ausschließen; soweit solche Vorkehrungen nach dem Stand der Technik nicht durchführbar oder wirtschaftlich nicht vertretbar sind, kann er lediglich Schadensersatz verlangen. Die Einstellung des Betriebes der Anlage kann nicht gefordert werden. § 14 des BImSchG lautet:

„Auf Grund privatrechtlicher, nicht auf besonderen Titeln beruhender Ansprüche zur Abwehr benachteiligender Einwirkungen von einem Grundstück auf ein benachbartes Grundstück kann nicht die Einstellung des Betriebes einer Anlage verlangt werden, deren Genehmigung unanfechtbar ist; es können nur Vorkehrungen verlangt werden, die die benachteiligenden Wirkungen ausschließen. Soweit solche Vorkehrungen nach dem Stand der Technik nicht durchführbar oder wirtschaftlich nicht vertretbar sind, kann lediglich Schadensersatz verlangt werden."

15. VO über kleine und mittlere Feuerungsanlagen (1. BImSchV) vom 26.01.2010 (BGBl. I S. 38), durch Artikel 16 Abs. 4 des Gesetzes vom 10.03.2017 (BGBl. I S. 420)
16. Die VO über genehmigungsbedürftige Anlagen (4. DVO zum BImSchG) i.d.F. vom 14.03.1997 (BGBl. I S. 504), zuletzt geändert durch Art. 3 der VO vom 11.08.2009 (BGBl. I S. 2723), in der Fassung der Bekanntmachung vom 31.05.2017 (BGBl. I S. 1440), zählt in etwa 180 Positionen die Betriebe auf, welche genehmigungsbedürftig sind. Es handelt sich z.B. um Feuerungsanlagen, Müllverwertungsbetriebe, Anlagen zum Brennen und Mahlen von Gips, Kalk und Zement, Ziegelöfen, Schotterwerke, Gießereien, Schlachthöfe, Gerbereien usw. Dem Nachbarn, der durch Immissionen solcher Betriebe bedroht wird, steht aber frei, seine Einwendungen im Genehmigungsverfahren vorzubringen.
17. VO zur Auswurfbegrenzung von Holzstaub (7. DVO zum BImSchG) vom 18.12.1975 (BGBl. I S. 3133): Anlagen sind so zu betreiben, dass die Massenkonzentration an Staub und Spänen in der Abluft bestimmte Emissionswerte nicht übersteigt.

18. VerkehrslärmschutzVO (16. DVO zum BImSchG) vom 12.06.1990 (BGBl. I S. 1036), zuletzt geändert durch Verordnung vom 18.12.2014 (BGBl. I S. 2269): Beim Bau öffentlicher Straßen und von Schienenwegen darf „zum Schutz der Nachbarschaft vor schädlichen Umwelteinwirkungen durch Verkehrsgeräusche" der Beurteilungspegel bestimmter Immissionsgrenzwerte nicht überschritten werden.
19. VO über die Verbrennung und die Mitverbrennung von Abfällen (17. DVO zum BImSchG) i.d.F. vom 02.05.2013 (BGBl. I S. 1021), geändert durch VO vom 07.10.2013 (BGBl. I S. 3754): Solche Anlagen sind so zu errichten und zu betreiben, dass bestimmte Emissionsgrenzwerte nicht überschritten werden.
20. SportanlagenlärmschutzVO (18. DVO zum BImSchG) vom 18.07.1991 (BGBl. I S. 1588 [1790]), zuletzt geändert durch Artikel 1 der Verordnung vom 01.06.2017 (BGBl. I S. 1468): Sportanlagen sind so zu errichten und zu betreiben, dass bestimmte näher festgelegte Immissionsrichtwerte unter Einrechnung der Geräuschimmissionen anderer Sportanlagen nicht überschritten werden.
21. VO über elektromagnetische Felder (26. DVO zum BImSchG) vom 16.12.1996 (BGBl. I S. 1966), geändert durch Verordnung vom 14.08.2013 (BGBl. I S. 3266, ber. 3942): Hochfrequenz- sowie Niederfrequenzanlagen dürfen bei ihrem Betrieb bestimmte genau festgelegte Grenzwerte der elektrischen und magnetischen Feldstärke und magnetischen Flußdichte nicht überschreiten. Dabei handelt es sich um normativ festgelegte Grenzwerte i. S. des § 906 Abs. 1 Satz 2, sodass der benachbarte Grundstückseigentümer, solange diese Grenzwerte eingehalten werden, nicht die Verletzung des Grundrechts der körperlichen Unversehrtheit geltend machen und nicht Beseitigung bzw. Unterlassung nach § 1004 BGB verlangen kann (BVerfG, Beschluss vom 17.02.1997 [NJW 1997 S. 2509 = ZMR 1997 S. 218] – Transformatorenstation neben Wohnhaus); BGH NJW 2004 S. 1317 [Mobilfunksendeanlage auf Kirchturm]).

22. VO über Emissionsgrenzwerte für Verbrennungsmotoren (28. DVO zum BImSchG) vom 20.04.2004 (BGBl. I S. 614, berichtigt S. 1423), zuletzt geändert durch Artikel 81 der Verordnung vom 31.08.2015 (BGBl. I S. 1474).

23. VO über Anlagen zur biologischen Behandlung von Abfällen (30. DVO zum BImSchG) vom 20.02.2001 (BGBl. I S. 305 [317]), zuletzt geändert durch Artikel 3 Abs. 1 der Verordnung vom 27.09.2017 (BGBl. I S. 3465): Sie sollen zur nächsten vorhandenen oder in einem Bebauungsplan festgesetzten Wohnbebauung einen Mindestabstand von 300 m einhalten, dürfen genau bestimmte Emissionsgrenzwerte nicht überschreiten, und ihre Betreiber haben kontinuierliche Messungen durchzuführen und über deren Ergebnisse die Öffentlichkeit zu unterrichten.

24. Geräte- und MaschinenlärmschutzVO (32. DVO zum BImSchG) vom 29.08.2002 (BGBl. I S. 3478), zuletzt geändert durch Artikel 83 der Verordnung vom 31.08.2015 (BGBl. I S. 1474)

24a. VO über Luftqualitätsstandards und Emissionshöchstmengen (39. BImSchV) vom 02.08.2010 (BGBl. I S. 1065), zuletzt geändert durch Artikel 2 der Verordnung vom 18.07.2018 (BGBl. I S. 1222)

25. Der beeinträchtigte Nachbar, der die Immissionen nicht zu dulden braucht, kann nach § 1004 BGB auf *Unterlassung der Störung klagen*. Der Klage muss jedoch, sofern es sich nicht um Einwirkungen eines gewerblichen Betriebs handelt, ein erfolgloser außergerichtlicher Schlichtungsversuch vorausgegangen sein (§ 1 Abs. 1 Nr. 1 Buchst. a) des in Anhang 3 [Seite 214] abgedruckten Gesetzes). Soweit er wesentliche Beeinträchtigungen dulden muss (Anm. 2b, 4), hat er Anspruch auf angemessenen Ausgleich in Geld. § 1004 BGB ist auf Seite 190 abgedruckt.

26. Eine Duldungspflicht besteht für den beeinträchtigten Nachbarn, soweit die Störungen auf der Ausübung staatlicher Ho-

heitsrechte beruhen, z.B. von öffentlichen *Schulen* ausgehen oder auf genehmigte, im öffentlichen Interesse eingerichtete lebenswichtige Betriebe, wie *Eisenbahn, Post, Elektrizitätswerk, Straßen, Autobahn*, zurückzuführen sind. Falls die Störungen über das zumutbare Maß hinausgehen und nicht ortsüblich sind, kann in allen diesen Fällen nur Schadensersatz, nicht aber Betriebseinstellung verlangt werden.

27. Das öffentliche Baurecht enthält in der HBO, um die Gesundheit zu schützen und um Gefahren, Schäden und unzumutbare Nachteile oder Belästigungen auszuschließen, ins Einzelne gehende Vorschriften für u.a. Lüftungs-, Feuerungs-, Abwasseranlagen, Abfallschächte, Toiletten, Ställe und Gärfutteranlagen. Auf die oben Seite 29 ff. abgedruckten Bestimmungen wird verwiesen.

§ 907 BGB
Gefahrdrohende Anlagen

(1) Der Eigentümer eines Grundstücks kann verlangen, dass auf den Nachbargrundstücken nicht Anlagen hergestellt oder gehalten werden, von denen mit Sicherheit vorauszusehen ist, dass ihr Bestand oder ihre Benutzung eine unzulässige Einwirkung auf sein Grundstück zur Folge hat. Genügt eine Anlage den landesgesetzlichen Vorschriften, die einen bestimmten Abstand von der Grenze oder sonstige Schutzmaßregeln vorschreiben, so kann die Beseitigung der Anlage erst verlangt werden, wenn die unzulässige Einwirkung tatsächlich hervortritt.

(2) Bäume und Sträucher gehören nicht zu den Anlagen im Sinne dieser Vorschriften.

Anmerkungen

1. § 907 BGB setzt – abgesehen von den Fällen nach Abs. 1 Satz 2 – nicht voraus, dass schon Störungen eingetreten sind, sondern nur, dass Störungen *mit Sicherheit vorauszusehen* sind und die Einwirkungen auf das Nachbargrundstück unzulässig wären.

Erfasst werden also der normale Betrieb dieser Anlagen und nicht etwa (unvorhergesehene) Betriebsstörungen, vgl. BGH, NJW-RR 2003, 1313, 1314.

2. Bei den Einrichtungen, deren Vorhandensein der Nachbar nicht zu dulden braucht, muss es sich um Werke und Einrichtungen von einer gewissen *Selbständigkeit* und *dauerndem Bestand* handeln, die von selbst oder durch ihre Benutzung (z. B. Schweinestall, Müllgrube, Misthaufen) auf das Nachbargrundstück einwirken, vgl. LG Hechingen, NJW 1995, 971; RG, NJW 1910, 654, 655; LG München I, NJW-RR 1988, 205, 206.
3. Nach überwiegender Rechtsansicht gehören zu den Anlagen des § 907 BGB *nicht* die Bienenstände, weil sie mit dem Grund und Boden nicht fest verbunden sind. Vgl. hierzu Anm. 7 zu § 906 BGB (Seite 109).
4. Nach den §§ 46 und 47 HBO sind Abwasseranlagen und Kleinkläranlagen so anzuordnen, herzustellen und zu unterhalten, dass Gefahren oder unzumutbare Nachteile und Belästigungen nicht entstehen. Auf die oben Seite 31 ff. abgedruckten Vorschriften wird verwiesen, ferner auf Anm. 16 zu § 906 BGB (Seite 112).
5. Vgl. im Übrigen die Anm. 2 bis 7 zu § 906 BGB (Seite 107 ff.).
6. Der Anspruch aus § 907 BGB unterliegt nicht der Verjährung (§ 924 BGB).
7. Eine Klage nach § 907 BGB ist ohne vorherigen Schlichtungsversuch zulässig, vgl. § 1 Abs. 2 Nr. 1 des in Anhang 3 (Seite 214) abgedruckten Gesetzes.
8. Hinsichtlich der in Absatz 2 genannten Bäume und Sträucher ist nur der spezielle Abwehranspruch nach Abs. 1 ausgeschlossen, nicht hingegen der Anspruch aus § 1004 BGB (vgl. BGH NJW 2004 S. 1035).

§ 908 BGB
Drohender Gebäudeeinsturz

Droht einem Grundstück die Gefahr, dass es durch den Einsturz eines Gebäudes oder eines anderen Werkes, das mit einem Nachbargrundstück verbunden ist, oder durch die Ablösung von Teilen des Gebäudes oder des Werkes beschädigt wird, so kann der Eigentümer von demjenigen, welcher nach dem § 836 Abs. 1 oder den §§ 837, 838 für den eintretenden Schaden verantwortlich sein würde, verlangen, dass er die zur Abwendung der Gefahr erforderliche Vorkehrung trifft.

Anmerkungen

1. Der Nachbar, dessen Grundstück durch den Einsturz eines auf dem fremden Grundstück stehenden Bauwerks usw. bedroht wird, kann den anderen zur Beseitigung der drohenden Gefahr zwingen.
2. Es muss die Gefahr von *Beschädigungen* auf dem Grundstück des bedrohten Nachbarn bestehen. Verschulden des Nachbarn, von dessen Grundstück die Gefahr ausgeht, ist nicht erforderlich.
3. Die Gefahr des Einsturzes kann von einem Gebäude oder einem anderen Werk (z. B. einer Mauer, einem Damm, einer Erdaufschüttung, einer Stromleitung) ausgehen. Die Voraussetzungen des § 908 BGB sind auch gegeben, wenn die Gefahr besteht, dass Teile des Gebäudes oder Werkes (z. B. Balkone, Gesimse, Verzierungen) sich lösen, vgl. OLG Rostock, OLGE 12, 277, 278; LG Marburg, VersR 1983, 571.
4. Der Anspruch richtet sich gegen den *Besitzer* des Grundstücks, also z. B. gegen den Pächter oder Mieter, wenn der Eigentümer das Grundstück verpachtet oder vermietet hat (§ 836 Abs. 1 BGB) bzw. gegen den Besitzer des Gebäudes oder Werks (§ 837 BGB) oder gegen den, der für den Besitzer die Unterhaltung des Gebäudes oder Werks übernommen hat. Die Vorkehrungen, die der Nachbar zur Beseitigung der Gefahr zu treffen hat, brauchen in Klageschrift und Urteil nicht einzeln aufgeführt zu werden.

Es reicht aus, dass z. B. Verurteilung zur Beseitigung der näher bezeichneten Anlage erfolgt.

5. Der Anspruch aus § 908 BGB unterliegt nicht der Verjährung (§ 924 BGB).
6. Eine Klage nach § 908 BGB ist ohne vorherigen Schlichtungsversuch zulässig, vgl. § 1 Abs. 2 Nr. 1 des in Anhang 3 (Seite 214) abgedruckten Gesetzes.

§ 909 BGB
Vertiefung

Ein Grundstück darf nicht in der Weise vertieft werden, dass der Boden des Nachbargrundstücks die erforderliche Stütze verliert, es sei denn, dass für eine genügende anderweitige Befestigung gesorgt ist.

Anmerkungen

1. § 909 BGB schränkt die Einwirkungsmöglichkeiten des Eigentümers auf sein Grundstück ein. Er darf keine Vertiefung (Niveauveränderung, Ausgrabung) vornehmen, wenn dadurch der Boden des Nachbargrundstücks die erforderliche Stütze verliert und die Gefahr des Nachrutschens besteht (siehe Abb. 13). Ausreichend ist jeder Eingriff, der den Verlust der erforderlichen Stütze in der Waagrechten oder Senkrechten zur Folge hat, vgl.

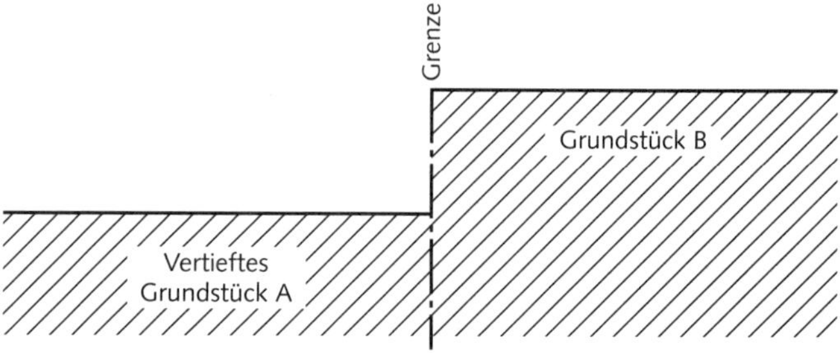

Abb. 13: Unzulässige Vertiefung

BGHZ 101, 106, 109; BGHZ, NJW 1987, 2808. Vertiefung i. S. des § 909 BGB ist auch das Abgraben eines sog. Hangfußes (OLG Frankfurt a. M. in OLGR 2001 S. 110, OLG Stuttgart 1994, 739, 740), der Abbruch eines Kellers (BGH, NJW 1980, 224 f.) oder die Errichtung eines Gebäudes, dessen Gewicht den Untergrund zusammendrückt (BGH, NZM 2005, 239).

2. Der Grundstückseigentümer darf die Vertiefung vornehmen, wenn er eine hinreichende Böschung stehen lässt, die Gefahren für das Nachbargrundstück ausschließt (siehe Abb. 14). Gleiches gilt, wenn er auf seine Kosten für genügende Absteifung sorgt, insbesondere eine ausreichende Stützmauer errichtet (siehe

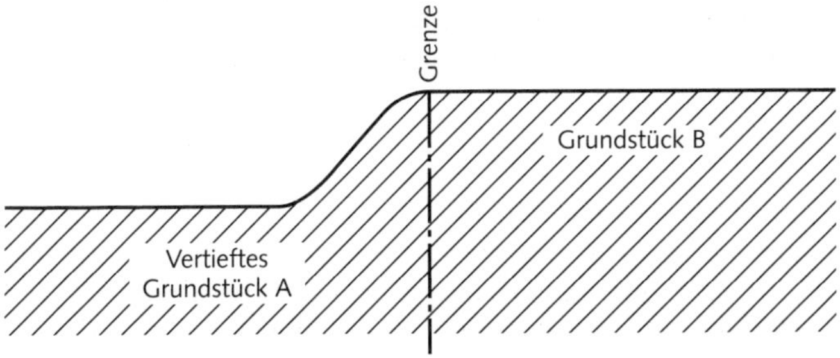

Abb. 14: Zulässige Vertiefung mit stehengebliebener Böschung

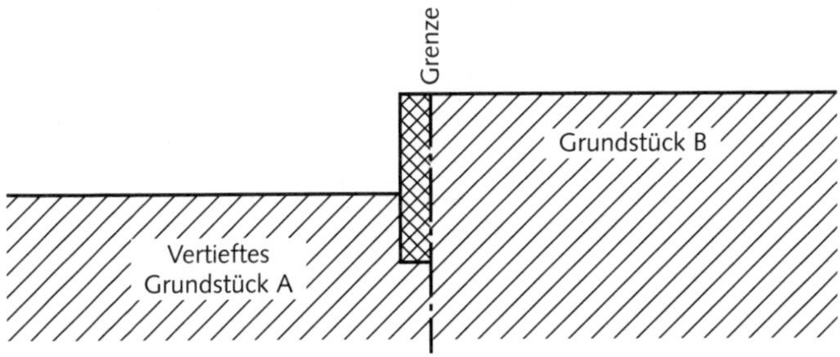

Abb. 15: Zulässige Vertiefung mit Stützmauer

Abb. 15). Dabei darf er grundsätzlich nicht in das Eigentum des Nachbargrundstücks eingreifen (BGH NJW 1997 S. 2595 = MDR 1997 S. 928).

3. Der beeinträchtigte Nachbar kann gegen den Störer auf Unterlassung der Vertiefung bzw. Beseitigung der Störung klagen, auch Schadensersatzansprüche aus unerlaubter Handlung (§ 823 Abs. 2 BGB) geltend machen; § 909 BGB ist Schutzgesetz i. S. des § 823 Abs. 2 BGB (OLG Frankfurt a.M. in OLGR 2001 S. 110). Eines vorgerichtlichen Schlichtungsversuchs bedarf es nicht, vgl. § 1 Abs. 2 Nr. 1 des in Anhang 3 (Seite 214) abgedruckten Gesetzes. Störer kann auch der Bauunternehmer sein, da sich das Verbot des § 909 BGB gegen jeden richtet, der an der Vertiefung mitwirkt (BGH in NJW 1996 S. 3205).

4. Eine deliktische Haftung des Bauherrn für baubedingte Schäden am Nachbargebäude scheidet aus, wenn er die Arbeiten von Fachleuten hat durchführen lassen, deren Sachkunde er vertrauen durfte; Architekten und Bauunternehmer sind keine Verrichtungsgehilfen des Bauherrn. Für derartige Schäden schuldet der Bauherr jedoch in entsprechender Anwendung von § 906 Abs. 2 Satz 2 BGB einen angemessenen Ausgleich, wenn der Geschädigte die Beeinträchtigung nicht abwehren konnte (OLG Koblenz NJW-RR 2003 S. 1457).

5. Der Anspruch auf Unterlassung oder Beseitigung der Vertiefung unterliegt nicht der Verjährung (§ 924 BGB); der Anspruch aus § 823 Abs. 2 BGB (unerlaubte Handlung) verjährt in 3 Jahren nach Kenntnis des Schadens und der Person des Ersatzpflichtigen (§§ 195, 199 Abs. 1 BGB), in Ausnahmefällen nach 10 bzw. 30 Jahren (§ 199 Abs. 3 BGB).

6. § 909 BGB ist auf Grundstücks*erhöhungen* nicht entsprechend anwendbar (BGH in NJW 1976 S. 1840). Insoweit kann der Nachbar Schutz aufgrund des nachbarlichen Gemeinschaftsverhältnisses erlangen (BGH a. a. O.).

Veränderung des Grundwasserspiegels

Vorbemerkungen

1. Das Preußische Allgemeine Landrecht, das nur in den Gemeinden Neuseesen und Werleshausen galt, bestimmte in Teil I Titel 8 §§ 185 ff. allgemein, dass jemand, der seinen Grund und Boden erhöhen will, drei Fuß vom Zaun, der Mauer oder den Planken des Nachbarn zurückbleiben muss. Diese Vorschriften waren durch Art. 124 EGBGB und Art. 89 des Preuß.AGBGB für das Gebiet des ehemaligen Preußen aufrechterhalten worden. Sie behandelten also den Fall des Einwirkens auf den Untergrund nur unter dem Gesichtspunkt der Aufschüttung und versuchten, den Eintritt von Schäden irgendwelcher Art als Folge solcher Grundstückserhöhungen dadurch zu verhindern, dass für die Erhöhung ein bestimmter Mindestabstand von dem Nachbargrundstück vorgeschrieben wurde. In den anderen Partikularrechten fehlten entsprechende Vorschriften.

2. Die §§ 903 ff. BGB, insbesondere § 909 BGB, treffen nicht den Fall, dass durch Einwirkung auf den Untergrund eines Grundstücks – z. B. durch Pressen des Bodens als Folge einer Aufschüttung, der Errichtung eines Hochbaues oder anderer baulicher Maßnahmen – das Grundwasser zum Ansteigen gebracht wird, in das Gebäude des Nachbargrundstücks eindringt und Schaden hervorruft (vgl. RGZ 155, 154). Dieses Ergebnis erscheint unbefriedigend, da es sich in Fällen dieser Art um eine über das gewöhnliche Maß weit hinausgehende Art der Benutzung des eigenen Grundstücks handelt und oft erheblicher Schaden hierdurch verursacht wird. Diese Lücke will das Hess.NRG schließen. (Aus amtlicher Begründung, Landtags-Drucksache Abt. I Nr. 1092/IV. Wahlperiode.)

§ 20 Hess.NRG

Der Eigentümer und die Nutzungsberechtigten eines Grundstücks dürfen auf dessen Untergrund mit physikalischen oder chemischen Mitteln nicht in einer Weise einwirken, dass der Grundwasserspiegel steigt oder sinkt und dadurch auf einem Nachbargrundstück erhebliche Beeinträchtigungen hervorgerufen werden.

Anmerkungen

1. Diese Vorschrift beschränkt den Grundstückseigentümer in seinem Herrschaftsbereich. Sie verbietet alle physikalischen und chemischen Einwirkungen auf den Untergrund des Grundstücks, die zu einem Steigen oder Absinken des Grundwassers und damit zu erheblichen Beeinträchtigungen auf dem Nachbargrundstück – z. B. zu einem Eindringen des Grundwassers in das Nachbargebäude bzw. einem Versiegen der Brunnen – führen können.
2. Beseitigung oder Unterlassung der Störung kann jeder verlangen, dessen Rechtsstellung beeinträchtigt ist. Schadenersatz kann nur im Falle des Verschuldens gefordert werden (§ 823 Abs. 2 BGB).
3. Der Klage muss, sofern es sich nicht um Einwirkung eines gewerblichen Betriebs handelt, ein erfolgloser außergerichtlicher Schlichtungsversuch vorausgegangen sein (§ 1 Abs. 1 Nr. 1 Buchst. e) des in Anhang 3 [Seite 214] abgedruckten Gesetzes).
4. Die Vorschrift des § 3 Abs. 2 des Wasserhaushaltsgesetzes wird durch § 20 Hess.NRG nicht berührt. Sie regelt als Benutzung das Aufstauen, Absenken und Umleiten von Grundwasser durch hierzu bestimmte oder hierfür geeignete Anlagen.

Wild abfließendes Wasser

Vorbemerkungen

1. In den ehemals preußischen Gebieten des heutigen Landes Hessen war das privatrechtliche Wasserrecht in den §§ 197 ff. Preuß. WasserG geregelt. Im Gebiet des Volksstaats Hessen war die Vorschrift des Art. 6 Abs. 2 des Hess. Bachgesetzes maßgebend, das zuletzt in der Fassung vom 01.07.1957 (GVBl. S. 77) galt. An die Stelle dieser Vorschriften ist alsdann § 73 Abs. 1 und 2 des Hess. WasserG vom 06.07.1960 (GVBl. S. 69) getreten. Diese Regelung hat das Hess.NRG übernommen. Die Übernahme rechtfertigt sich aus der Erwägung, dass die frühere Vorschrift des § 73 Abs. 1 und 2 Hess. WasserG 1960 als privat- und nachbarrechtliche Vorschrift systematisch richtig in das Nachbarrechtsgesetz gehört und dass nach ihrer Übernahme dorthin das Hess. WasserG ausschließlich öffentlich-rechtliche Vorschriften enthält.

2. Der Begriff des wild abfließenden Wassers in dem unten abgedruckten § 21 Abs. 1 Hess.NRG deckt sich mit dem gleichlautenden Begriff des Hess. WasserG. Die Vorschriften des § 21 Abs. 2 sowie der §§ 22 und 23 Hess.NRG entsprechen inhaltlich dem § 73 des Hess. WasserG vom 06.07.1960 [jetzt vom 06.05.2005 (Fundstelle siehe oben Seite 13)]; durch § 47 Hess.NRG wurde § 73 neu gefasst.

3. Die im Hess.NRG getroffenen Regelungen gelten nur, soweit die Beteiligten nichts anderes vereinbaren (§ 45 Hess.NRG).

4. Die Neuregelungen des Hess.NRG haben auch Bedeutung für Verhältnisse, die bereits vor dem 01.11.1962, dem Inkrafttreten des Hess.NRG, bestanden haben (§ 46).

§ 21 Hess.NRG
Abfluss und Zufluss

(1) Wild abfließendes Wasser ist oberirdisch außerhalb eines Bettes abfließendes Quell- oder Niederschlagswasser.

(2) Der Eigentümer und die Nutzungsberechtigten eines Grundstücks dürfen nicht

1. den Abfluss wild abfließenden Wassers auf Nachbargrundstücke verstärken,

2. den Zufluss wild abfließenden Wassers von Nachbargrundstücken auf ihr Grundstück hindern,

wenn dadurch die Nachbargrundstücke erheblich beeinträchtigt werden.

(3) Der Eigentümer und die Nutzungsberechtigten eines Grundstücks dürfen den Abfluss von Niederschlagswasser von ihrem Grundstück auf Nachbargrundstücke mindern oder unterbinden.

Anmerkungen

1. Das Gesetz unterscheidet
   a) Quellwasser, das oberirdisch außerhalb eines Bettes abfließt, und
   b) Niederschlagswasser (= Regenwasser).

   Wild abfließendes Wasser ist nicht Wasser in einem künstlich angelegten Bett oder in einer Leitung.

   Auch auf unterirdisch in das Nachbargrundstück oder -gebäude dringendes Wasser ist § 21 Hess.NRG nicht anwendbar (OLGR 1998, 338 [340]).

2. Bei *wild abfließendem Wasser* darf der Nachbar *nicht durch eigene Einwirkungen*
   a) den Abfluss des Wassers von seinem Grundstück auf das fremde Grundstück verstärken.
   b) den Zufluss von dem (höher liegenden) fremden Grundstück auf sein Grundstück hindern,

   wenn dadurch bei den Nachbarn erhebliche Beeinträchtigungen eintreten. Als benachbart sind nicht nur die Grundstücke anzusehen, die unmittelbar aneinandergrenzen, sondern alle Grundstücke, die von der Einwirkung erfasst werden. Soweit durch *Naturereignisse* Veränderungen eintreten, vgl. § 22 Hess.NRG.

3. Den Abfluss von *Niederschlagswasser* auf das fremde Grundstück darf der Nachbar jederzeit mindern oder ganz unterbinden. Er darf also das Regenwasser für eigene Bedürfnisse sammeln und verwerten. Abs. 3, der dies vorschreibt, stellt insoweit eine bereits nach dem Hess. WasserG bestehende Rechtslage klar.
4. Bei unzulässiger Beeinträchtigung kann der in seinen Rechten gestörte Nachbar *Klage auf Unterlassung* (§ 1004 BGB) erheben, vgl. BGH V ZR 168/14.
5. § 41 Abs. 1 HWG (Fundstelle siehe oben Seite 13) enthält folgende öffentlich-rechtliche Vorschrift:

   „Es ist verboten, Wasser über die zugelassenen Höhen aufzustauen oder aufgestautes Wasser so abzulassen, dass für fremde Grundstücke oder Anlagen Gefahren oder Nachteile entstehen, die Ausübung von Rechten und Befugnissen zur Benutzung des Gewässers beeinträchtigt oder die Unterhaltung des Gewässers erschwert wird."

§ 22 Hess.NRG
Wiederherstellung des früheren Zustandes

(1) Haben Naturereignisse den Abfluss wild abfließenden Wassers von einem Grundstück auf ein Nachbargrundstück verstärkt oder den Zufluss wild abfließenden Wassers von einem Nachbargrundstück auf ein Grundstück gemindert oder unterbunden und wird dadurch das Nachbargrundstück erheblich beeinträchtigt, so müssen der Eigentümer und die Nutzungsberechtigten des Grundstücks die Wiederherstellung des früheren Zustandes durch den Eigentümer und die Nutzungsberechtigten des beeinträchtigten Nachbargrundstücks dulden.

(2) Die Wiederherstellung muss binnen drei Jahren vom Ende des Jahres ab, in dem die Veränderung eingetreten ist, durchgeführt werden. Während der Dauer eines Rechtsstreits über die Verpflichtung zur Duldung der Wiederherstellung ist der Lauf der Frist für die Prozessbeteiligten gehemmt.

Anmerkungen

1. Ist die in Anm. 2 zu § 21 Hess.NRG (Seite 124) erwähnte Änderung in dem Wasserzu- oder -abfluss nicht durch Einwirkung des Nachbarn, sondern durch *Naturereignisse* eingetreten und ist dies mit einer erheblichen Beeinträchtigung verbunden, so kann der hierdurch benachteiligte Nachbar von sich aus und auf eigene Kosten Abhilfe schaffen. Die weiter beteiligten Nachbarn müssen diese Maßnahmen zur Wiederherstellung des früheren Zustandes dulden.
2. Der beeinträchtigte Nachbar kann klageweise gegen solche Nachbarn vorgehen, die seine Arbeiten auf ihrem Grundstück nicht dulden wollen. Abs. 2 setzt eine Ausschlussfrist für die Wiederherstellungsarbeiten; nach deren Ablauf entfällt die Duldungspflicht der beteiligten Nachbarn. Wegen dieser gesetzlichen Frist ist die Klage ohne vorherigen Schlichtungsversuch zulässig, vgl. § 1 Abs. 2 Nr. 1 des in Anhang 3 (Seite 214) abgedruckten Gesetzes.

§ 23 Hess.NRG
Schadensersatz

Schaden, der bei Ausübung des Rechts auf dem betroffenen Grundstück entsteht, ist zu ersetzen. Auf Verlangen ist Sicherheit in Höhe des voraussichtlichen Schadensbetrags zu leisten; in solchem Falle darf das Recht erst nach Leistung der Sicherheit ausgeübt werden.

§ 24 Hess.NRG
Anzeigepflicht

(1) Die Absicht, das Recht nach § 22 Abs. 1 auszuüben, ist zwei Wochen vor Beginn der Bauarbeiten dem Eigentümer und, soweit deren Rechtsstellung oder Besitzstand davon berührt wird, auch den Nutzungsberechtigten des betroffenen Grundstücks anzuzeigen.

(2) Ist der Duldungspflichtige, der nicht unmittelbar Besitzer ist, nicht bekannt oder infolge Aufenthalts im Ausland nicht alsbald erreichbar und hat er auch keinen Vertreter bestellt, so genügt insoweit die Anzeige an den unmittelbaren Besitzer.

§ 25 Hess.NRG
Wegfall der Verpflichtung zur Sicherheitsleistung und zur Anzeige

Ist die Ausübung des Rechts nach § 22 Abs. 1 zur Abwendung einer gegenwärtigen erheblichen Gefahr erforderlich, so entfällt die Verpflichtung zur Sicherheitsleistung und zur Anzeige.

Anmerkungen

1. § 23 Hess.NRG regelt *Schadensersatz* und *Sicherheitsleistung*, die der beeinträchtigte Nachbar zu leisten hat, der entsprechend § 22 Hess.NRG den früheren Zustand wiederherstellen will. Die Schadensersatzpflicht setzt kein Verschulden voraus.
2. § 24 Hess.NRG sieht vor, dass zuvor die *Absicht* angezeigt werden muss, wenn Wiederherstellungsarbeiten auf dem fremden Grundstück vorgenommen werden sollen. Die Anzeige, das Grundstück zu benutzen, muss allen zugehen, die davon betroffen werden. Das ist in der Regel der Grundstückseigentümer – ihm steht der Erbbauberechtigte gleich –, im Übrigen sind es die Nutzungsberechtigten des duldungspflichtigen Grundstücks, also Nießbraucher, Pächter und Mieter, soweit ihre Rechtsstellung oder ihr Besitzstand berührt würde.
3. Nach § 25 Hess.NRG entfällt die Verpflichtung zur Sicherheitsleistung (§ 23 Satz 2 Hess.NRG) und zur Anzeige (§ 24 Hess. NRG) in *Notfällen*.

IX. Dachtraufe

Vorbemerkungen

1. Früherer Rechtszustand:
Das Nassauische Privatrecht, ferner Ziff. IV ff. des Teils 6 Kap. III der Nassau-Katzenelnbogischen Landrechts-Ordnung, § 25 der Kurhessischen Bauordnung, § II des Teils 8 Titels III und § VIII des Teils 8 Titels VII der Frankfurter Reformation, die §§ 11 bis 14 Kap. 7 des Frankfurter Baustatuts und die §§ 59 und 61 Teil I Titel 22 §§ 59 und 61 des Preuß. Allg. Landrechts verstanden unter dem Traufrecht das Recht, die Traufe ohne Rücksicht auf das Nachbargrundstück ablaufen zu lassen, und zwar mit der entsprechenden Verpflichtung des Nachbarn, dieses Wasser aufzunehmen, auch wenn der natürliche Abfluss auf dem Boden nicht auf sein Grundstück ging.

Das Gemeine Recht hat das Traufrecht nur als eine Eigentumsvermutung entwickelt: Es sprach eine Vermutung dafür, dass der Streifen Land, soweit die Dachtraufe reichte, Eigentum dessen war, von dessen Dach das Wasser kam. Eine gleiche Vermutung bestand auch nach §§ 120 und 121 des Teils I Titels 8 des Preuß. Allg. Landrechts, das nur in den Gemeinden Neuseesen und Werleshausen galt, für Winkel oder Zwischenräume zwischen zwei Häusern, in die die Traufe nur des einen Nachbarn fiel (vgl. Landtags-Drucks. Abt. I Nr. 1092/IV. Wahlperiode).

2. Das Hess.NRG kennt ein Dachtraufrecht nur kraft besonderer Vereinbarung, allerdings unbeschadet der vor 1900 etwa ersessenen Grunddienstbarkeiten.

3. Die Nachbarn können andere Regelungen, als sie das Gesetz vorsieht, vereinbaren (§ 45 Hess.NRG).

4. Der Umfang von Rechten, die bei Inkrafttreten des Hess.NRG am 01.11.1962 bestanden, richtet sich von diesem Zeitpunkt ab nach dem neuen Recht (§ 46 Hess.NRG).

§ 26 Hess.NRG
Niederschlagswasser

(1) Der Eigentümer und die Nutzungsberechtigten eines Grundstücks müssen ihre baulichen Anlagen so einrichten, dass

1. **Niederschlagswasser nicht auf das Nachbargrundstück tropft oder nach diesem abgeleitet wird,**
2. **Niederschlagswasser, das auf das eigene Grundstück tropft oder abgeleitet ist, nicht auf das Nachbargrundstück übertritt.**

(2) Abs. 1 findet keine Anwendung auf frei stehende Mauern entlang öffentlicher Straßen und öffentlicher Grünflächen.

Anmerkungen

1. Ohne besonderen Rechtsgrund (§ 27 Hess.NRG) ist es nicht zulässig, dass Niederschlagswasser von dem Dach einer baulichen Anlage auf das Nachbargrundstück tropft oder dass von der Leitung, die über dem Boden dieses Grundstücks endet, Niederschlagswasser auf das Nachbargrundstück ausgestoßen wird. Ebenso verbietet diese Vorschrift, dass Niederschlagswasser, das auf den Boden abtropft oder abgeleitet ist und sich dort gesammelt hat, auf das angrenzende Grundstück übertritt. Im Gegensatz zu § 21 Hess.NRG muss es sich hierbei um Wasser handeln, das zuvor auf eine bauliche Anlage aufgetroffen war.
2. Beseitigung oder Unterlassung der Störung kann jeder verlangen, dessen Rechtsstellung beeinträchtigt ist, ferner Schadenersatz, da § 26 Schutzgesetz i.S. des § 823 Abs. 2 BGB ist (OLGR 1998 S. 338), vgl. LG Bochum I-6 O 75/08. Einer Klage muss jedoch, sofern es sich nicht um Einwirkungen eines gewerblichen Betriebs handelt, ein erfolgloser außergerichtlicher

Schlichtungsversuch vorausgegangen sein (§ 1 Abs. 1 Nr. 1 Buchst. e des in Anhang 3 [Seite 214] abgedruckten Gesetzes).

3. Abs. 2 enthält eine Ausnahme für öffentliche Straßen und öffentliche Grünflächen, soweit es sich um frei stehende Mauern (Umfassungsmauern) handelt. Die öffentlich-rechtliche Zweckbestimmung der Straßen und Grünflächen sowie baugestalterische Erwägungen lassen die Regelung vertretbar oder mindestens zweckmäßig erscheinen, dass Niederschlagswasser von Umfassungsmauern auf die Straße oder eine öffentliche Grünfläche tropfen darf.

§ 27 Hess.NRG
Anbringen von Sammel- und Abflusseinrichtungen

(1) Der Eigentümer und die Nutzungsberechtigten eines Grundstücks, die aus besonderem Rechtsgrund verpflichtet sind, das von den baulichen Anlagen eines Nachbargrundstücks tropfende oder abgeleitete oder von dem Nachbargrundstück übertretende Niederschlagswasser aufzunehmen, sind berechtigt, auf eigene Kosten besondere Sammel- und Abflusseinrichtungen an der baulichen Anlage des traufberechtigten Nachbarn anzubringen, wenn die damit verbundene Beeinträchtigung nicht erheblich ist. Sie haben diese Einrichtungen zu unterhalten.

(2) Für die Verpflichtungen zum Schadensersatz und zur Anzeige gelten die §§ 23 und 24 entsprechend.

Anmerkungen

1. Wer aus besonderem Rechtsgrund (z. B. Vertrag oder Dienstbarkeit) zur Duldung der Traufe des Nachbarn verpflichtet ist, erhält durch Abs. 1 die Befugnis, auf seine Kosten Sammel- und Abflusseinrichtungen, also Dachrinnen und Abflussrohre, die er dann auch unterhalten muss, an der baulichen Anlage des Nachbarn anzubringen, um so die ihn beeinträchtigende Wirkung der Traufe abzumildern. Allerdings darf mit solchen Maßnahmen

für den traufberechtigten Nachbarn keine erhebliche Beeinträchtigung verbunden sein.

2. Die Arbeiten dürfen erst vorgenommen werden, nachdem sie vorher fristgerecht angezeigt worden sind und entsprechend dem Verlangen des traufberechtigten Nachbarn Sicherheit für zu erwartende Schäden geleistet worden ist (vgl. §§ 23, 24 Hess. NRG und die Anm. hierzu).

X. Hammerschlags- und Leiterrecht

Vorbemerkungen

1. Früherer Rechtszustand:

Teil I Titel 8 § 155 des Preuß. Allg. Landrechts, das nur in den Gemeinden Neuseesen und Werleshausen galt, gab dem Grundstückseigentümer, der eine die Grenzscheide bildende Planke zu unterhalten hatte, lediglich das Recht, zu notwendigen Bau- und Ausbesserungsarbeiten an dieser Planke das Grundstück zu betreten. Durch Art. 89 Nr. 1b Preuß. AGBGB war diese Bestimmung für das ehemals preußische Gebiet aufrechterhalten worden. Art. 83 Hess.AGBGB gewährte dem Eigentümer, Nießbraucher, Mieter oder Pächter eines Gebäudes, dessen Ausbesserung oder Wiederherstellung ohne die Mitbenutzung des angrenzenden Grundstücks nicht möglich war, ein Hammerschlags- und Leiterrecht etwa in dem Umfang, wie es § 28 Hess.NRG normiert. Diese Vorschrift regelt das Hammerschlags- und Leiterrecht entsprechend den von der Rechtsprechung entwickelten Grundsätzen des nachbarlichen Gemeinschaftsverhältnisses, die aus den Regeln von Treu und Glauben erwachsen (Amtliche Begründung zum Hess.NRG – Landtags-Drucksache Abt. I Nr. 1092/IV. Wahlperiode).

2. Die beteiligten Grundstückseigentümer können das Hammerschlags- und Leiterrecht anders regeln (§ 45 Hess.NRG).

§ 28 Hess.NRG
Inhalt und Umfang

(1) Der Eigentümer und die Nutzungsberechtigten eines Grundstücks müssen dulden, dass ihr Grundstück von dem Eigentümer und den Nutzungsberechtigten des Nachbargrundstücks zwecks Errichtung, Veränderung, Unterhaltung oder Beseitigung einer baulichen Anlage betreten wird und dass auf oder über ihm Gerüste aufgestellt sowie die zu den Bauarbei-

ten erforderlichen Gegenstände über das Grundstück gebracht oder dort niedergelegt werden, wenn und so weit

1. das Vorhaben anders nicht zweckmäßig oder nur mit unverhältnismäßig hohen Kosten durchgeführt werden kann,

2. die mit der Duldung verbundenen Nachteile oder Belästigungen nicht außer Verhältnis zu dem von dem Berechtigten erstrebten Vorteil stehen und

3. das Vorhaben den baurechtlichen Vorschriften entspricht.

(2) Das Recht ist mit tunlichster Schonung auszuüben. Wird das betroffene Grundstück landwirtschaftlich oder gewerbsmäßig gärtnerisch genutzt, so darf das Recht nicht zur Unzeit geltend gemacht werden, wenn sich die Arbeiten unschwer auf einen späteren Zeitpunkt verlegen lassen.

(3) Abs. 1 findet auf die Eigentümer öffentlicher Straßen keine Anwendung.

Anmerkungen

1. Das Recht aus § 28 Hess.NRG steht dem Nachbarn zu, wenn
   a) sein Vorhaben (z. B. das Verputzen des Hauses) anders nicht zweckmäßig oder nur mit unverhältnismäßig hohen Kosten durchgeführt werden kann,
   b) die mit der Duldung für den Verpflichteten verbundenen Nachteile oder Belästigungen nicht außer Verhältnis zu dem von dem Berechtigten erstrebten Vorteil stehen und
   c) das Vorhaben den baurechtlichen Vorschriften entspricht.
2. Entgegen der früheren Regelung besteht das Hammerschlags- und Leiterrecht auch dann, wenn es sich um die Errichtung eines *Neubaues* handelt.
3. Abs. 2 schreibt zum Schutze des duldungspflichtigen Nachbarn vor, dass der berechtigte Nachbar sein Recht mit tunlichster Schonung auszuüben hat und unter den dort angegebenen Voraussetzungen nicht zur Unzeit geltend machen darf. Tut er dies doch, macht er sich unter Umständen schadensersatzpflichtig.

Zur schonenden Ausübung kann auch gehören, dass der Berechtigte sein Recht nicht persönlich ausübt, sondern durch einen Dritten ausüben lässt; vgl. AG Ludwigsburg, Urteil vom 03.02.2010 (1 C 2138/09) für verfeindete Nachbarn, DWW 2010 S. 191.

4. Nach Abs. 3 gilt das Hammerschlags- und Leiterrecht *nicht* gegenüber dem *Eigentümer öffentlicher Straßen.* Insoweit kommt öffentliches Recht in Betracht. Danach besteht im Allgemeinen ebenfalls die Möglichkeit zur Aufstellung von Gerüsten für Bauarbeiten, soweit dadurch der Gemeingebrauch nicht gefährdet wird. Es ist erforderlich, eine Erlaubnis für die Sondernutzung einzuholen.

5. Soweit der Nachbar zur Duldung verpflichtet ist, kann im Weigerungsfall der Berechtigte Klage auf Duldung erheben, vgl. hierzu Urteil des AG Frankfurt a.M. vom 30.07.1993 (32 C 1456/93) mit Berufungsurteil des LG Frankfurt a.M. vom 31.07.1995 (S 306/93). Der Klage muss, sofern sie nicht im Gewerbebetrieb der klagenden Partei begründet ist, ein erfolgloser Schlichtungsversuch vorausgegangen sein, vgl. § 1 Abs. 1 Nr. 1 Buchst. e) des in Anhang 3 (Seite 214) abgedruckten Gesetzes.

§ 29 Hess.NRG
Schadensersatz und Anzeigepflicht

Für die Verpflichtung zum Schadensersatz und zur Anzeige gelten die §§ 23 bis 25 entsprechend.

Anmerkungen

1. Der Duldungspflicht des Nachbarn (§ 28 Hess.NRG) steht die Verpflichtung zum Ersatz des aus der Ausübung der Rechte erwachsenden Schadens ohne Rücksicht auf Verschulden gegenüber. Ferner muss – außer im Falle der Not – vor Beginn der Arbeiten rechtzeitig, das heißt zwei Wochen vor Beginn der Ausübung des Rechts, Anzeige erstattet und auf Verlangen Si-

cherheit geleistet werden (§§ 23 bis 25 Hess.NRG), vgl. OLG Frankfurt 4 W 43/10.

2. Die Anzeige ist an alle zu richten, die durch die Ausübung des Rechts beeinträchtigt werden, also an Eigentümer, Erbbauberechtigte, Nießbraucher, Mieter, Pächter und sonstige Besitzer.

XI. Notweg, Duldung von Leitungen

A. Notweg

Vorbemerkungen

1. Die Lage der Grundstücke kann so sein, dass einzelne Grundstücke keinen unmittelbaren Zugang zu einem öffentlichen Weg haben oder dass sie nur über ein fremdes Grundstück an das Versorgungs- und Abwassernetz angeschlossen werden können. Für den ersteren Fall gewähren die §§ 917 und 918 BGB ein gesetzliches **Notwegrecht.** Daneben steht es natürlich den Nachbarn frei, ein entsprechendes Wegerecht zu vereinbaren und erforderlichenfalls als Dienstbarkeit in das Grundbuch eintragen zu lassen. Wegen der Verlegung von **Leitungen** durch fremde Grundstücke vgl. nachstehend unter **B.**

2. In welchem Umfang ein **vertraglich** gewährtes Wegerecht ausgeübt werden darf, ergibt sich in erster Linie aus den getroffenen Vereinbarungen. Im Allgemeinen wird man annehmen können, dass das dienende Grundstück, das heißt das Grundstück, über das der Weg führt, auch für eine weitergehende Benutzung als der ursprünglich eingeräumten herangezogen werden kann, wenn sich ein Bedürfnis hierzu ergeben hat (z.B. aus einer Wiese ein Acker wird, der häufiger betreten werden muss). Dies gilt allerdings nicht, wenn sich die Benutzungsart des herrschenden Grundstücks, das heißt des Grundstücks, zu dessen Gunsten das Wegerecht besteht, wesentlich geändert hat, z.B. aus einem Wohnhaus ein Bürohaus mit starkem Kundenverkehr oder eine Gastwirtschaft geworden ist.

3. Nach § 4 Abs. 1 HBO (Wortlaut s.o. Seite 21) muss das Grundstück, auf dem Gebäude errichtet werden sollen, in einer solchen Breite an eine befahrbare öffentliche Verkehrsfläche grenzen oder

eine solche öffentlich-rechtlich gesicherte Zufahrt zu einer befahrbaren öffentlichen Verkehrsfläche haben, dass der Einsatz von Feuerlösch- und Rettungsgeräten ohne Schwierigkeiten möglich ist.

§ 917 BGB
Notweg

(1) Fehlt einem Grundstück die zur ordnungsmäßigen Benutzung notwendige Verbindung mit einem öffentlichen Wege, so kann der Eigentümer von den Nachbarn verlangen, dass sie bis zur Hebung des Mangels die Benutzung ihrer Grundstücke zur Herstellung der erforderlichen Verbindung dulden. Die Richtung des Notwegs und der Umfang des Benutzungsrechts werden erforderlichenfalls durch Urteil bestimmt.

(2) Die Nachbarn, über deren Grundstücke der Notweg führt, sind durch eine Geldrente zu entschädigen. Die Vorschriften des § 912 Abs. 2 Satz 2 und der §§ 913, 914, 916 finden entsprechende Anwendung.

Anmerkungen

1. § 917 BGB bringt eine gesetzliche Beschränkung des Eigentums. Voraussetzung für die Duldung des Notweges ist, dass
   a) eine *Verbindung* des zurückliegenden Grundstücks zu einem *öffentlichen* Weg fehlt; dies ist nicht der Fall, wenn ein – vielleicht auch unbequemer oder aufwändigerer und teurerer (vgl. Brandenburgisches OLG Potsdam, MDR 1997 S. 37; OLG Frankfurt a.M. in OLGR 1999 S. 262 und OLGR 2003 S. 468) – Zugang zu einem öffentlichen Weg besteht; der Notweg kann über mehrere Grundstücke desselben oder verschiedener Eigentümer gehen;
   b) der Notweg zur ordnungsgemäßen Bewirtschaftung des herrschenden *Grundstücks* notwendig ist; dies gilt auch bei einer Änderung der Benutzungsart. Vgl. Abb. 16.
2. Verpflichtet, den Notweg zu dulden, ist der Eigentümer des dienenden Grundstücks, ebenso der Miteigentümer, Erbbau-

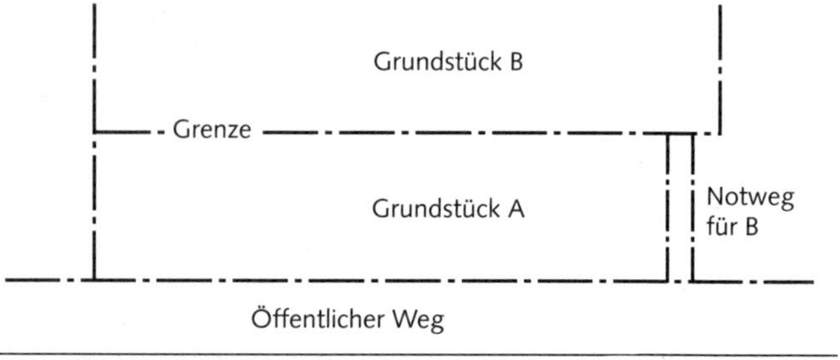

Abb. 16: Notweg

berechtigte, Wohnungseigentümer, Dienstbarkeitsberechtigte, nicht aber der Nießbraucher oder Pächter.

3. Berechtigt sind Eigentümer, Miteigentümer, Erbbauberechtigter, Wohnungseigentümer des herrschenden Grundstücks, nicht aber Nießbraucher und Pächter. Letztere dürfen jedoch, ohne dass sie Berechtigte sind (also ein eigenes Recht haben), den Notweg benutzen.

4. Falls für die *Richtung des Notweges* verschiedene Grundstücke in Betracht kommen, hat in erster Linie der Eigentümer des herrschenden Grundstücks zu entscheiden, von welchem der Nachbarn er die Duldung des Notweges verlangt. Er muss hierbei aber auf die natürlichen Verhältnisse Rücksicht nehmen und vor allem darauf, dass der Eigentümer des dienenden Grundstücks möglichst wenig beeinträchtigt wird. Nur in diesem engen Rahmen kann der in Anspruch genommene Eigentümer Einwendungen gegen das Begehren des Eigentümers des herrschenden Grundstücks vorbringen.

5. Der *Umfang* des gesetzlichen Notwegrechts richtet sich nach den Bedürfnissen des herrschenden Grundstücks. Zu dulden ist die nach Lage des Einzelfalls notwendige Verbindung, also unter Umständen auch ein befestigter Weg; vgl. OLGR 1999

S. 262: „Ein Notwegrecht (§ 917 Abs. 1 BGB) kommt auch dann in Betracht, wenn die in Anspruch genommene Zuwegung nicht nur dem unmotorisierten Verkehr dienen, sondern vorrangig den Zugang zu Tiefgaragen mit Kraftfahrzeugen ermöglichen soll." Nach höchstrichterlicher Rechtsprechung ist auch bei einem Wohngrundstück die Erreichbarkeit der Grundstücksgrenze mit einem Kraftfahrzeug in der Regel für eine ordnungsmäßige Grundstücksbenutzung erforderlich, sodass zur Herstellung einer solchen Erreichbarkeit ein Notwegerecht beansprucht werden kann, vgl. BGH V ZR 106/07. Im Streitfalle hat das Gericht durch Urteil den Umfang des Benutzungsrechts zu bestimmen.

6. Den Notweg hat der Eigentümer des herrschenden Grundstücks zu *unterhalten*.
7. Der Eigentümer des dienenden Grundstücks hat Anspruch auf eine *Geldrente*. Diese ist nicht erst von dem Zeitpunkt zu zahlen, in dem das Notwegrecht in Anspruch genommen wird; sie wird vielmehr fällig mit der Entstehung der Duldungspflicht. Die §§ 912 bis 914 und 916 BGB, auf die verwiesen wird, sind auf Seite 57 ff. erläutert.
8. Die Duldungspflicht besteht nicht mehr, wenn für das herrschende Grundstück ein ausreichender Zugang geschaffen worden ist.
9. Der Anspruch aus § 917 BGB unterliegt nicht der Verjährung (§ 924 BGB).
10. Eine Duldungsklage nach § 917 BGB ist ohne vorherigen Schlichtungsversuch zulässig, vgl. § 1 Abs. 2 Nr. 7 des in Anhang 3 (Seite 214) abgedruckten Gesetzes.

§ 918 BGB
Ausschluss des Notwegrechts

(1) Die Verpflichtung zur Duldung des Notwegs tritt nicht ein, wenn die bisherige Verbindung des Grundstücks mit dem öffentlichen Wege durch eine willkürliche Handlung des Eigentümers aufgehoben wird.

(2) Wird infolge der Veräußerung eines Teiles des Grundstücks der veräußerte oder der zurückbehaltene Teil von der Verbindung mit dem öffentlichen Wege abgeschnitten, so hat der Eigentümer desjenigen Teiles, über welchen die Verbindung bisher stattgefunden hat, den Notweg zu dulden. Der Veräußerung eines Teiles steht die Veräußerung eines von mehreren demselben Eigentümer gehörenden Grundstücken gleich.

Anmerkungen

1. Ein Notwegrecht besteht nicht, wenn der Eigentümer des herrschenden Grundstücks durch einen *Willkürakt* die bisherige Verbindung seines Grundstücks mit einem öffentlichen Weg beseitigt hat, z.B. durch Verzicht auf ein vertragliches Wegerecht, durch Errichtung einer Mauer, die den Zugang zur Straße hindert. Auf ein schuldhaftes Handeln kommt es hierbei nicht an. Beweispflichtig dafür, dass eine willkürliche Aufhebung der Verbindung zur Straße vorliegt, ist der Eigentümer des für den Notweg in Anspruch genommenen Grundstücks. Auch ist ein Notwegerecht nicht gegeben, wenn die Zugangslosigkeit des Grundstücks anderweitig behoben werden kann. An das Vorliegen einer Notlage sind wegen des damit verbundenen Eingriffs in das Nachbareigentum strenge Anforderungen zu stellen. Von einer anderweitigen Verbindungsmöglichkeit muss der Grundstückseigentümer auch dann Gebrauch machen, wenn sie umständlicher, weniger bequem oder kostspieliger ist als ein Notweg über das Nachbargrundstück, vgl. OLG Saarbrücken, NJOZ 2018, 769.

2. Abs. 2 regelt das Notwegrecht für den Sonderfall, dass ein Grundstück *geteilt* wird und durch die Teilung der veräußerte oder zurückbehaltene Teil von der Verbindung mit einem öffent-

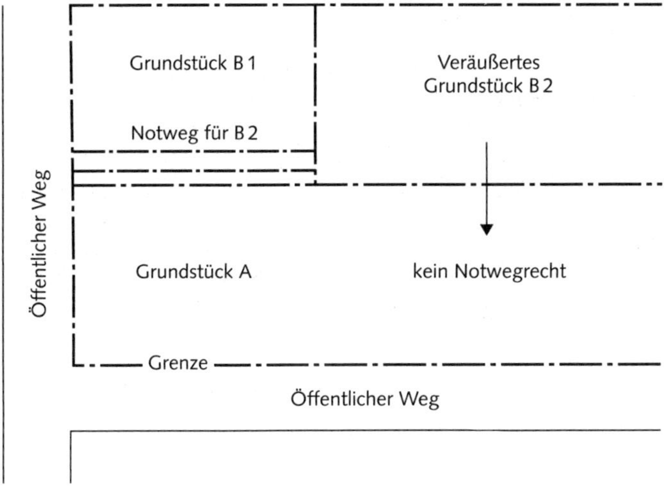

Abb. 17: Notweg nach Veräußerung eines Grundstücksteils (§ 918 Abs. 2 BGB)

lichen Weg abgeschnitten wird. In diesem Fall hat der Eigentümer des zurückliegenden Grundstücks nicht das Recht zu bestimmen, welchen Nachbarn er auf Duldung des Notweges in Anspruch nehmen will (vgl. BGHZ 53, 166); der Notweg besteht vielmehr nur über den Teil des Grundstücks, über den bisher die Verbindung zum öffentlichen Weg bestand. Vgl. Abb. 17.

3. Der Anspruch aus § 918 Abs. 2 BGB unterliegt nach § 924 BGB nicht der Verjährung.

B. Duldung von Leitungen

Vorbemerkungen

1. Das BGB enthält für den Fall keine Vorschriften, dass für den zurückliegenden Nachbarn Schwierigkeiten bestehen, sein Grundstück an die **Versorgungs- und Abwasserleitungen** anzuschließen. Auch in dem früher in Hessen geltenden Partikularrecht war die Duldung von Leitungen nicht geregelt. Der Entwurf zum Bundesbaugesetz (Bundestags-Drucksache Nr. 336/III. Wahlperiode) enthielt in dem Abschnitt „Bauliches Nachbarrecht“, der nicht Gesetz geworden ist, in § 174 eine Vorschrift über die Duldung von Leitungen. Eine ähnliche Regelung enthielt das TelegraphenwegeG vom 18.12.1899 (RGBl. S. 705) i.d.F. vom 24.04.1991 (BGBl. I S. 1053) und enthält heute das TelekommunikationsG (vom 22. Juni 2004 (BGBl. I S. 1190), zuletzt geändert vom 30. Oktober 2017 (BGBl. I S. 3618)) in seinen §§ 76 und 77:

§ 76 TKG
Beeinträchtigung von Grundstücken und Gebäuden

(1) Der Eigentümer eines Grundstücks, das kein Verkehrsweg im Sinne des § 68 Absatz 1 Satz 2 ist, kann die Errichtung, den Betrieb und die Erneuerung von Telekommunikationslinien auf seinem Grundstück sowie den Anschluss der auf dem Grundstück befindlichen Gebäude an öffentliche digitale Hochgeschwindigkeitsnetze und öffentliche Telekommunikationsnetze der nächsten Generation insoweit nicht verbieten, als

1. auf dem Grundstück einschließlich der Gebäudeanschlüsse eine durch ein Recht gesicherte Leitung oder Anlage auch die Errichtung, den Betrieb und die Erneuerung einer Telekommunikationslinie genutzt und hierdurch die Nutzbarkeit des Grundstücks nicht dauerhaft zusätzlich eingeschränkt wird oder
2. das Grundstück einschließlich der Gebäude durch die Benutzung nicht unzumutbar beeinträchtigt wird.

(2) Hat der Grundstückseigentümer eine Einwirkung nach Absatz 1 zu dulden, so kann er von dem Betreiber der Telekommunikationslinie oder

dem Eigentümer des Leitungsnetzes einen angemessenen Ausgleich in Geld verlangen, wenn durch die Errichtung, die Erneuerung oder durch Wartungs-, Reparatur- oder vergleichbare, mit dem Betrieb der Telekommunikationslinie unmittelbar zusammenhängende Maßnahmen eine Benutzung seines Grundstücks oder dessen Ertrag über das zumutbare Maß hinaus beeinträchtigt wird. Für eine erweiterte Nutzung zu Zwecken der Telekommunikation kann darüber hinaus ein einmaliger Ausgleich in Geld verlangt werden, sofern bisher keine Leitungswege vorhanden waren, die zu Zwecken der Telekommunikation genutzt werden konnten. Wird das Grundstück oder sein Zubehör durch die Ausübung der aus dieser Vorschrift folgenden Rechte beschädigt, hat der Betreiber oder der Eigentümer des Leitungsnetzes auf seine Kosten den Schaden zu beseitigen. § 840 Abs. 1 des Bürgerlichen Gesetzbuchs findet Anwendung.

(3) Soweit die Durchführung von nach Absatz 1 zu duldenden Maßnahmen nicht oder nur mit einem unverhältnismäßig hohen Aufwand möglich ist, können bestehende passive Netzinfrastrukturen Dritter unter den Voraussetzungen der §§ 77 d, 77 e und 77 g mitgenutzt werden.

§ 77 TKG
Ersatzansprüche

Die Verjährung der auf den §§ 70 bis 76 beruhenden Ansprüche richtet sich nach den Regelungen über die regelmäßige Verjährung nach dem Bürgerlichen Gesetzbuch.

2. Das Hess.NRG hat den Grundgedanken des früheren Telegraphenwegegesetzes *für Versorgungs- und Abwasserleitungen* aufgenommen. Nach der amtlichen Begründung zum Hess.NRG (Landtags-Drucksache Abt. I Nr. 1092/IV. Wahlperiode) macht der zeitgemäße Städtebau die Inanspruchnahme öffentlicher Versorgungsbetriebe sowie des zentralen Entwässerungsnetzes notwendig. Dabei wird das einzelne Grundstück nicht immer unmittelbar an den Hauptstrang angeschlossen werden können, sodass die Leitungen durch ein angrenzendes Grundstück oder mehrere dazwischenliegende Grundstücke verlegt werden müssen. Zwar schließt § 4 Abs. 1 HBO (Wortlaut s. o. Seite 21) eine Bebauung

von Grundstücken ohne Zugang zur Straße grundsätzlich aus. Besteht dieser Zugang aber nur infolge eines dinglichen Wegerechts über ein angrenzendes Grundstück, so ist damit noch nicht die Befugnis zur Verlegung von Leitungen durch dieses Grundstück gegeben. Im Übrigen können noch mannigfaltige Gründe technischer oder finanzieller Art den Anschluss nicht über den vorhandenen Zugangsweg zur Straße, sondern über ein angrenzendes Grundstück notwendig erscheinen lassen.

3. Bei dem sogenannten *Notleitungsrecht* des Hess.NRG sind folgende Fälle zu unterscheiden (vgl. Abb. 18 bis 20):

a) Der berechtigte Nachbar legt eine Leitung durch das Nachbargrundstück, ohne dass Anschlussleitungen bestehen: § 30 Abs. 1 Hess.NRG;
b) der berechtigte Nachbar schließt an die auf dem Nachbargrundstück bereits vorhandene Leitung an: § 30 Abs. 2 Hess. NRG;

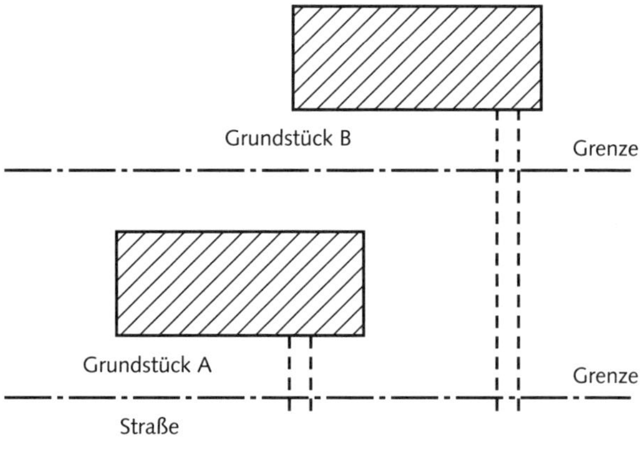

Abb. 18: Leitungen ohne Anschlussleitungen (§ 30 Abs. 1 Hess.NRG)

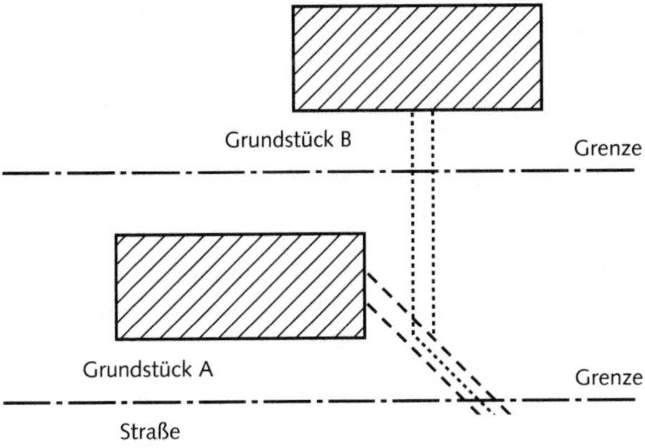

Abb. 19: B schließt an die Leitung des A an (§ 30 Abs. 2 Hess.NRG)

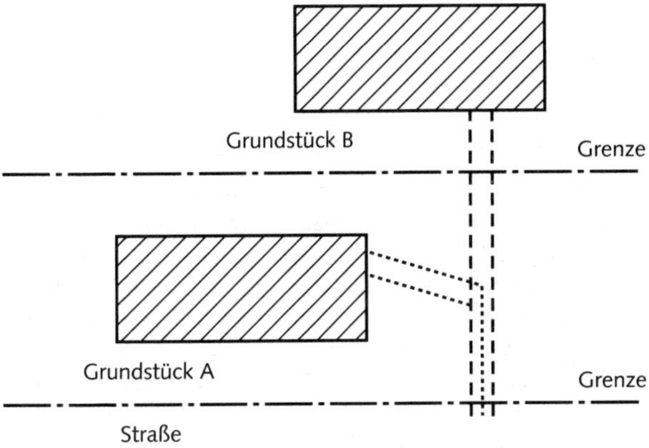

Abb. 20: A schließt an die durchgelegte Leitung des B an (§ 34 Abs. 1 Hess.NRG)

c) der duldungspflichtige Nachbar schließt seinerseits an eine bereits vorhandene Leitung an, die der Berechtigte (das heißt der Eigentümer des Nachbargrundstücks) hat verlegen lassen: § 34 Abs. 1 Hess.NRG.

4. Die Nachbarn können andere Regelungen vereinbaren, als sie das Gesetz vorschreibt (§ 45 Hess.NRG).

5. Der Umfang von Rechten, die bei Inkrafttreten des Hess.NRG, dem 01.11.1962, bestehen, richten sich von diesem Zeitpunkt ab nach dem neuen Recht (§ 46 Hess.NRG).

§ 30 Hess.NRG
Leitungen in Privatgrundstücken

(1) Der Eigentümer und die Nutzungsberechtigten eines Grundstücks müssen dulden, dass durch ihr Grundstück der Eigentümer und die Nutzungsberechtigten des Nachbargrundstücks auf ihre Kosten Versorgungs- und Abwasserleitungen hindurchführen, wenn

1. der Anschluss an das Versorgungs- und Entwässerungsnetz anders nicht zweckmäßig oder nur mit unverhältnismäßig hohen Kosten durchgeführt werden kann und

2. die damit verbundene Beeinträchtigung nicht erheblich ist.

(2) Ist das betroffene Grundstück an das Versorgungs- und Entwässerungsnetz bereits angeschlossen und reichen die vorhandenen Leitungen aus, um die Versorgung oder Entwässerung der beiden Grundstücke durchzuführen, so beschränkt sich die Verpflichtung nach Abs. 1 auf das Dulden des Anschlusses. Im Falle des Anschlusses ist zu den Herstellungskosten des Teils der Leitungen, der nach dem Anschluss mitbenutzt werden soll, ein angemessener Beitrag und auf Verlangen Sicherheit in Höhe des voraussichtlichen Beitrags zu leisten. In solchem Falle darf der Anschluss erst nach Leistung der Sicherheit vorgenommen werden.

(3) Bestehen mehrere Möglichkeiten der Durchführung, so ist die für das betroffene Grundstück schonendste zu wählen.

Anmerkungen

1. Die Verpflichtung, die *Durchführung* von Versorgungs- und Abwasserleitungen durch das eigene (bebaute oder unbebaute) Grundstück zu dulden, setzt voraus, dass andernfalls der Anschluss des zurückliegenden Grundstücks an das Versorgungs- und Entwässerungsnetz nicht zweckmäßig oder nur mit unverhältnismäßig hohen Kosten durchführbar wäre; darüber hinaus darf in keinem Falle eine erhebliche Beeinträchtigung entstehen, vgl. BGH V ZR 59/89.

2. Abs. 2 schränkt die Verpflichtung des Abs. 1 auf die Duldung des *Anschlusses* ein, wenn auf dem duldungspflichtigen Grundstück ein Anschluss an das Versorgungs- und Entwässerungsnetz bereits vorhanden ist und die vorhandenen Leitungen ausreichen, um die Versorgung oder Entwässerung beider Grundstücke durchzuführen. Voraussetzung ist auch hier, dass die Versorgung oder Entwässerung des Grundstücks anders nicht zweckmäßig oder nur mit unverhältnismäßig hohen Kosten durchführbar wäre und dass die mit dem Anschluss verbundene Beeinträchtigung nicht erheblich ist. Im Falle des Anschlusses ist ein angemessener Beitrag zu den Kosten der Herstellung des Teils der Leitungen zu leisten, die nach dem Anschluss mitbenutzt werden sollen. Vorherige Sicherheitsleistung kann verlangt werden. Der Anschluss darf in diesem Fall erst nach der Leistung der Sicherheit vorgenommen werden.

3. § 30 Hess.NRG gilt nicht nur für Wasser- und Abwasserleitungen, sondern auch für *Gas-, Strom- und Lichtleitungen* sowie für Rohre der Fernheizung. Unter § 30 Hess.NRG fallen nicht Zuleitungen zu Öltanks, da es sich hierbei nicht um einen Anschluss an ein Versorgungsnetz handelt. (Wegen der Fernsprechleitungen vgl. Vorbem. 1 Seite 142).

4. Abs. 3 regelt den Fall, dass mehrere Möglichkeiten für die Durchführung der Leitungen bestehen. Es ist der für das betroffene Grundstück schonendste Weg zu wählen.

5. § 30 Hess.NRG wirkt sich nur in dem engen Raum des bürgerlichen Rechts aus; er lässt öffentlich-rechtliche Vorschriften, z.B. des HWG, unberührt, die bestimmen, dass die Eigentümer und Nutzungsberechtigten von Grundstücken auf Anordnung der Wasserbehörde verpflichtet sind, das ober- und unterirdische Durchleiten von Wasser und Abwasser und die Unterhaltung der Leitungen zu dulden, wenn dies zur Be- oder Entwässerung von Grundstücken, zur Fortleitung von Wasser oder Abwasser zu Zwecken der Teichwirtschaft oder zur Errichtung einer Stau- oder Triebwerksanlage erforderlich ist oder dass der Unternehmer einer Grundstücksbewässerungs-, Wasserversorgungs- oder Abwasseranlage auf Anordnung der Wasserbehörde verpflichtet ist, einem anderen die Mitbenutzung zu gestatten.
6. Der Duldungsklage nach § 30 muss, sofern sie nicht im Gewerbebetrieb der klagenden Partei begründet ist, ein erfolgloser Schlichtungsversuch vorausgegangen sein, vgl. § 1 Abs. 1 Nr. 1 Buchst. e), Abs. 2 Nr. 7 des in Anhang 3 (Seite 214) abgedruckten Gesetzes.
7. Zur Duldungspflicht aufgrund des sog. nachbarlichen Gemeinschaftsverhältnisses siehe BGH NJW 2003 S. 1392.

§ 31 Hess.NRG
Unterhaltung von Leitungen

(1) Der Berechtigte hat die nach § 30 Abs. 1 verlegten Leitungen oder die nach § 30 Abs. 2 hergestellten Anschlussleitungen auf seine Kosten zu unterhalten. Zu den Unterhaltungskosten der Teile der Leitungen, die von ihm mitbenutzt werden, hat er einen angemessenen Beitrag zu leisten.

(2) Zur Durchführung von Maßnahmen im Sinne des Abs. 1 Satz 1 darf der Berechtigte das betroffene Grundstück betreten.

Anmerkungen

1. Der Berechtigte hat selbst auf *eigene Kosten* zu unterhalten:

a) bei den durch das fremde Grundstück hindurchgelegten Leitungen (§ 30 Abs. 1 Hess.NRG): die gesamten Leitungen;
b) bei Leitungen, die von ihm an schon bereits vorhandene Leitungen angeschlossen worden sind (§ 30 Abs. 2 Hess. NRG): das Anschlussstück; ferner hat der Berechtigte für den gemeinsamen Teil der Leitungen einen angemessenen Beitrag zu den Unterhaltungskosten in Geld zu leisten.

2. Damit der Berechtigte die ihm obliegenden Arbeiten durchführen oder durchführen lassen kann, dürfen er und die von ihm Beauftragten das fremde Grundstück betreten.

§ 32 Hess.NRG
Schadensersatz und Anzeigepflicht

Für die Verpflichtungen zum Schadensersatz und zur Anzeige gelten die §§ 23 bis 25 entsprechend.

Anmerkungen

Der Duldungspflicht des Nachbarn (§§ 30, 31 Hess.NRG) steht die Verpflichtung zum Ersatz des aus der Ausübung der Rechte erwachsenden Schadens ohne Rücksicht auf Verschulden gegenüber. Ferner muss – außer im Falle der Not – vor Beginn der Arbeiten rechtzeitig, das heißt zwei Wochen vor Beginn der Ausübung des Rechts, Anzeige erstattet und auf Verlangen Sicherheit geleistet werden (§§ 23 bis 25 Hess.NRG, vgl. die Anm. zu diesen Paragraphen, Seite 127).

§ 33 Hess.NRG
Nachträgliche erhebliche Beeinträchtigung

(1) Führen die nach § 30 Abs. 1 verlegten Leitungen oder die nach § 30 Abs. 2 hergestellten Anschlussleitungen nachträglich zu einer erheblichen Beeinträchtigung, so können der Eigentümer und die Nutzungsberechtigten des betroffenen Grundstücks von dem Berechtigten ver-

langen, dass er seine Leitungen beseitigt und die Beseitigung der Teile der Leitungen, die gemeinschaftlich benutzt werden, duldet. Dieses Recht entfällt, wenn der Berechtigte die Beeinträchtigung so herabmindert, dass sie nicht mehr erheblich ist.

(2) Schaden, der durch die Maßnahmen nach Abs. 1 auf dem betroffenen Grundstück entsteht, ist zu ersetzen.

Anmerkungen

1. Führen die hindurchgelegten oder die angeschlossenen Leitungen des Berechtigten nachträglich zu einer erheblichen Beeinträchtigung – etwa weil die Leitungen bei dem beabsichtigten Hausbau im Wege sind –, so kann der Duldungspflichtige verlangen, dass der Berechtigte die Leitungen, die dieser gelegt hat, beseitigt und bei angeschlossenen Leitungen die Beseitigung der gemeinschaftlichen Leitungen duldet. Das Hess.NRG folgt hierbei der Regelung des früheren Telegraphenwegegesetzes (vgl. Vorbem. 1 Seite 142).
2. Der Duldungsklage nach § 33 Hess.NRG muss, sofern sie nicht im Gewerbebetrieb der klagenden Partei begründet ist, ein erfolgloser Schlichtungsversuch vorausgegangen sein, vgl. § 1 Abs. 1 Nr. 1 Buchst. e), Abs. 2 Nr. 7 des in Anhang 3 (Seite 214) abgedruckten Gesetzes.
3. Der Berechtigte hat die *Kosten*, die durch die Beseitigung der von ihm verlegten Leitungen entstehen, selbst zu tragen. Dass der Berechtigte zu den Kosten beiträgt, die durch die Beseitigung der gemeinschaftlichen Leitung entstehen, schreibt das Hess. NRG nicht vor.
4. Nach Abs. 1 Satz 2 kann der Berechtigte, um der Beseitigungspflicht zu entgehen, Maßnahmen treffen, die die Beeinträchtigung so herabmindern, dass sie nicht mehr erheblich ist, vor allem also die Leitung anders verlegen, sodass sie nicht mehr stört. Die Kosten für diese Verlegung hat der Berechtigte zu tragen, bei gemeinschaftlichen Leitungen beide Nachbarn zusammen.

5. Abs. 2 schreibt vor, dass der Berechtigte dem Duldungspflichtigen allen Schaden zu ersetzen hat, der durch das Beseitigen oder das Umverlegen der Leitungen entsteht.

§ 34 Hess.NRG
Anschlussrecht des Duldungspflichtigen

(1) Der Eigentümer und die Nutzungsberechtigten eines Grundstücks, das gemäß § 30 Abs. 1 in Anspruch genommen ist, sind berechtigt, ihrerseits an die verlegten Leitungen anzuschließen, wenn diese ausreichen, um die Versorgung oder Entwässerung der beiden Grundstücke durchzuführen. § 30 Abs. 2 Satz 2 und § 31 Abs. 1 gelten entsprechend.

(2) Soll ein auf dem betroffenen Grundstück errichtetes oder noch zu erstellendes Gebäude an die Leitungen angeschlossen werden, die der Eigentümer oder die Nutzungsberechtigten des Nachbargrundstücks nach § 30 Abs. 1 durch das Grundstück hindurchführen wollen, so können der Eigentümer und die Nutzungsberechtigten des betroffenen Grundstücks verlangen, dass die Leitungen in einer ihrem Vorhaben Rechnung tragenden und technisch vertretbaren Weise verlegt werden. Die durch dieses Verlangen entstehenden Mehrkosten sind zu erstatten. In Höhe der voraussichtlich erwachsenden Mehrkosten ist auf Verlangen binnen zwei Wochen Vorschuss zu leisten; der Anspruch nach Satz 1 erlischt, wenn der Vorschuss nicht fristgerecht geleistet wird.

Anmerkungen

1. Abs. 1 räumt dem Eigentümer und den Nutzungsberechtigten des Grundstücks, durch das gemäß § 30 Abs. 1 Hess.NRG Leitungen gelegt worden sind, das Recht ein, selbst an diese Leitungen anzuschließen, sofern diese ausreichen, um die Versorgung oder Entwässerung der beiden Grundstücke durchzuführen. Geschieht dies, so ist ein angemessener *Beitrag zu den Herstellungskosten* des Teils der Leitungen zu leisten, der nach dem Anschluss mitbenutzt werden soll; auch kann Sicherheitsleistung verlangt werden.

2. Wegen der *Unterhaltungskosten* verweist das Gesetz auf § 31 Abs. 1 Hess.NRG. Danach hat der anschließende Nachbar die von ihm verlegte Anschlussleitung zu unterhalten und zu den Kosten der nunmehr gemeinschaftlich genutzten Leitung angemessen beizutragen.
3. Abs. 2 räumt dem Eigentümer und den Nutzungsberechtigten des duldungspflichtigen Grundstücks ein noch weitergehendes Recht ein für den Fall, dass die Leitungen nach § 30 Hess.NRG erst verlegt werden sollen und dass alsdann der Anschluss des duldungspflichtigen Grundstücks an diese beabsichtigt ist. Im Interesse späterer Kostenersparnis können in diesem Falle der Eigentümer und die Nutzungsberechtigten des duldungspflichtigen Grundstücks verlangen, dass die Leitungen in einer ihrem Vorhaben Rechnung tragenden, technisch vertretbaren Weise verlegt werden. Die durch dieses Verlangen entstehenden Mehrkosten sind zu erstatten und gegebenenfalls zu bevorschussen.
4. Einer Duldungsklage nach § 34 Hess.NRG muss, sofern sie nicht im Gewerbebetrieb der klagenden Partei begründet ist, ein erfolgloser Schlichtungsversuch vorausgegangen sein, vgl. § 1 Abs. 1 Nr. 1 Buchst. e), Abs. 2 Nr. 7 des in Anhang 3 (Seite 214) abgedruckten Gesetzes.

§ 35 Hess.NRG
Leitungen in öffentlichen Straßen

Die §§ 30 bis 34 gelten nicht für die Verlegung von Leitungen in öffentlichen Straßen und in öffentlichen Grünflächen.

Anmerkungen

1. Die Stellung des Eigentümers einer *öffentlichen Straße*, das heißt regelmäßig des Trägers der Straßenbaulast, der öffentliche Interessen wahrnimmt (Bund, Land oder Gemeinde), lässt es nicht zu, dass öffentliche Straßen im Hess.NRG den übrigen Grundstücken gleichgestellt werden. Denn der Straßeneigentü-

mer muss beispielsweise frei bestimmen können, wo eine Längsleitung zu verlegen ist, das heißt, ob in der Mitte oder in dem Randstreifen der Straße. Auch sind bei öffentlichen Straßen bürgerlich-rechtliche Duldungspflichten nicht ohne Weiteres durchsetzbar. Unter öffentlichen Straßen sind auch öffentliche *Wege und Plätze* zu verstehen.

2. Auch für *öffentliche Grünflächen* kommen die §§ 30 bis 34 Hess. NRG nicht in Betracht. Insoweit gilt das in Anm. 1 Gesagte.

XII. Höherführen von Schornsteinen und Lüftungsschächten

Vorbemerkungen

1. Im früheren Partikularrecht war das Höherführen von Schornsteinen und Lüftungsschächten nicht geregelt.

Der Entwurf zum Bundesbaugesetz (Bundestags-Drucksache Nr. 336/III. Wahlperiode) enthielt im Abschnitt „Bauliches Nachbarrecht", der nicht Gesetz geworden ist, in § 172 eine entsprechende Vorschrift. Ihren Grundgedanken hat das Hess.NRG übernommen.

2. Die **HBO** enthält keine nachbarrechtliche Regelung über das Höherführen von Schornsteinen und Lüftungsschächten. §§ 43 bis 45 HBO (s.o. Seite 29ff.) schreiben lediglich vor, dass Schornsteine und Lüftungsleitungen den Rauch so ins Freie führen müssen, dass Gefahren oder unzumutbare Nachteile und Belästigungen nicht entstehen bzw. Gerüche und Staub nicht in andere Räume übertragen werden. Diese Vorschriften verpflichten also den durch die Aufstockung des Nachbargebäudes geschädigten Grundstückseigentümer, dafür zu sorgen, dass seine Schornsteine und Lüftungsanlagen ausreichend Zug wiederbekommen. Über das Wie und über eine etwaige Verpflichtung des Nachbarn, dazu mitzuwirken, ist nichts gesagt.

3. Die Nachbarn können andere Regelungen vereinbaren, als sie das Gesetz vorsieht (§ 45 Hess.NRG).

4. Der Umfang von Rechten, die bei Inkrafttreten des Hess.NRG, dem 01.11.1962, bestanden, richten sich von diesem Zeitpunkt ab nach dem neuen Recht (§ 46 Hess.NRG).

§ 36 Hess.NRG
Inhalt und Umfang

(1) Der Eigentümer und die Nutzungsberechtigten eines Grundstücks müssen dulden, dass an ihrem Gebäude der Eigentümer und die Nutzungsberechtigten des angrenzenden niederen Gebäudes ihre Schornsteine und Lüftungsschächte befestigen, wenn

1. **die Erhöhung der Schornsteine und Lüftungsschächte zur Erzielung der notwendigen Zug- und Saugwirkung erforderlich ist und**
2. **die Befestigung der höhergeführten Schornsteine und Lüftungsschächte anders nicht zweckmäßig oder nur mit unverhältnismäßig hohen Kosten durchgeführt werden kann.**

(2) Der Eigentümer und die Nutzungsberechtigten des betroffenen Grundstücks müssen ferner dulden, dass die höhergeführten Schornsteine und Lüftungsschächte des Nachbargebäudes von ihrem Grundstück aus unterhalten und gereinigt und die hierzu erforderlichen Einrichtungen angebracht werden, wenn diese Maßnahmen anders nicht zweckmäßig oder nur mit unverhältnismäßig hohen Kosten durchgeführt werden können. Sie können aber den Berechtigten darauf verweisen, eine Steigleiter an ihrem Gebäude anzubringen und zu benutzen, wenn diese Lösung technisch zweckmäßig ist.

Anmerkungen

1. Wenn neben ein niederes Gebäude ein höheres gebaut oder ein Gebäude aufgestockt wird, verlieren die Schornsteine und Lüftungsschächte des niederen Gebäudes die Zug- und Saugwirkung. Gegen die Errichtung des höheren Gebäudes oder das Aufstocken kann der Eigentümer des niederen Gebäudes nicht mit der Eigentumsfreiheitsklage nach § 1004 BGB angehen, da es sich hierbei lediglich um eine negative Einwirkung auf sein Grundstück, jedoch keine Beeinträchtigung seines Eigentums im Sinne des § 1004 BGB handelt. Ihm bleibt nur der Weg, seine Schornsteine und Lüftungsschächte entsprechend höherzuführen.

Da das Höherführen von freistehenden Schornsteinen oder Lüftungsleitungen auf dem niedrigeren Gebäude nicht nur sehr teuer werden kann, sondern auch statische Probleme darstellen und schlussendlich sogar gegen die Grundsätze der Baugestaltung verstoßen kann, legt das Hess.NRG dem höher bauenden Nachbarn eine Duldungspflicht dahingehend auf, dass die Schornsteine und Lüftungsleitungen des niedrigeren Gebäudes an der Außenwand seines Gebäudes befestigt werden dürfen.

2. § 36 Hess.NRG gibt dem Eigentümer des niederen Gebäudes das Recht,
   a) an dem höheren Gebäude seine höhergeführten Schornsteine und Lüftungsschächte zu befestigen (Abs. 1),
   b) die höhergeführten Schornsteine und Lüftungsschächte von dem höheren Gebäude aus zu unterhalten, zu reinigen und die zu diesen Arbeiten nötigen Einrichtungen auf seine Kosten anzubringen (Abs. 2 Satz 1).

   Dem Recht des Eigentümers des niederen Gebäudes steht die Duldungspflicht des Eigentümers des höheren Gebäudes gegenüber.

3. Voraussetzung ist

   im Falle a) der Anm. 2, dass die Erhöhung der Schornsteine und Lüftungsschächte zur Erzielung der notwendigen Zug- und Saugwirkung erforderlich ist und in den Fällen a) und b) der Anm. 2, dass die Befestigung der Schornsteine und Lüftungsschächte bzw. die zu b) genannten Maßnahmen anders nicht zweckmäßig oder nur mit unverhältnismäßig hohen Kosten durchgeführt werden können.

4. Der duldungspflichtige Nachbar kann die Benutzung seines Gebäudes durch den Eigentümer des niederen Gebäudes zum Zwecke der Unterhaltung und Reinigung dadurch abwenden, dass er diesen veranlasst, an dem höheren Gebäude eine *Steigleiter* anzubringen und sie zu benutzen (Abs. 2 Satz 2). Voraussetzung hierbei ist, dass eine solche Lösung technisch zweck-

mäßig ist. Die Kosten für das Anbringen der Steigleiter hat der Eigentümer des niederen Gebäudes zu tragen.

5. Im Weigerungsfalle kann der Berechtigte auf Duldung der in Betracht kommenden Maßnahmen durch den Verpflichteten klagen. Der Klage muss, sofern sie nicht im Gewerbebetrieb der klagenden Partei begründet ist, ein erfolgloser Schlichtungsversuch vorausgegangen sein, vgl. § 1 Abs. 1 Nr. 1 Buchst. e), Abs. 2 Nr. 7 des in Anhang 3 (Seite 214) abgedruckten Gesetzes.

§ 37 Hess.NRG
Schadensersatz und Anzeigepflicht

Für die Verpflichtungen zum Schadensersatz und zur Anzeige gelten die §§ 23 bis 25 entsprechend. Die Anzeigepflicht entfällt auch, wenn die nach der Kehrordnung vorgeschriebene Reinigung durchgeführt werden soll.

Anmerkungen

Der Duldungspflicht des Nachbarn (§ 36 Hess.NRG) steht die Verpflichtung zum Ersatz des aus der Ausübung der Rechte erwachsenden Schadens ohne Rücksicht auf Verschulden gegenüber. Ferner muss – außer im Falle der Not – vor Beginn der Arbeiten rechtzeitig Anzeige erstattet und auf Verlangen Sicherheit geleistet werden (§§ 23 bis 25 Hess.NRG, vgl. die Anmerkungen zu diesen Paragraphen, Seite 127). Die Anzeigepflicht entfällt hier außerdem, wenn die nach der Kehrordnung vorgeschriebene Reinigung durchgeführt werden soll.

XIII. Bäume und Sträucher

Vorbemerkungen

1. Das **BGB** bringt nur wenige nachbarrechtliche Vorschriften für Bäume und Sträucher. Es regelt den Überhang von Zweigen und das Eindringen von Wurzeln in das Nachbargrundstück, den Überfall von Früchten auf das andere Grundstück sowie die Rechtsverhältnisse am Grenzbaum. Im Übrigen überlässt es Regelungen dem Landesrecht.

2. In dem **bisher** in Hessen geltenden Partikularrecht fehlten meist Vorschriften über weitergehende nachbarrechtliche Verhältnisse bei Bäumen und Sträuchern. Vorschriften über den Grenzabstand von Pflanzen bestanden lediglich im Gebiet des früheren Volksstaates Hessen (Art. 85 bis 89 AGBGB), in Kurhessen (§§ 33 bis 35 der Kurhess. Bauordnung vom 19.01.1784) und in Frankfurt (Art. I § 4 des Frankfurter Wichgesetzes vom 01.04.1851, § 2 Nr. 1 der PolizeiVO vom 23.10.1933 – Städt. Anzeigenblatt S. 558 –).

3. Die Regelung im früheren *Volksstaat Hessen* sah für die Zeit bis zum 31.10.1962 Folgendes vor: Nach Art. 85 ff. Hess.AGBGB müssen Bäume und Sträucher, die über 2 Meter hoch sind, einen Mindestabstand von 2 Meter, niedrigere Bäume und Sträucher einen Mindestabstand von 0,50 Meter halten. Dieser Abstand wird gemessen von der Mittelachse des Baumes oder Strauches an der Stelle, wo er aus der Erde heraustritt.

Diese Abstandsvorschriften fanden jedoch keine Anwendung insbesondere auf Bäume und Sträucher in *Gärten*, falls die Gärten mit einer festen Umfriedung (das sind Mauer, Lattenzaun, Bretterwand, aber nicht lebende Hecke) versehen sind und wenn außerdem zur Zeit der Anpflanzung der Bäume und Sträucher die Gärten nicht an Äcker, Wiesen oder Weinberge angrenzen (Art. 87 Nr. 2 Hess.AGBGB).

4. Für *Kurhessen* bestimmte § 33 Kurhess. BauO, dass derjenige, welcher Bäume gegen eine Wand setzen will, in welcher der Nachbar Lichter oder Fenster zu haben berechtigt ist, drei oder vier oder sechs Schuh nach Befinden mit den Bäumen zurückweichen soll. Wenn dem Nachbarn neben der Lichtgerechtigkeit wegen des Dachtraufenrechts noch zwei Schuh eigenen Landes zustehen, soll der Nachbar mit den zu pflanzenden Bäumen von diesen zwei Schuh nach Befinden weitere drei bis vier Schuh zurückgehen.

§ 34 Abs. 2 Kurhess. BauO schrieb vor, dass jemand, der an Stelle einer eigenen Dielen- oder Plankenwand einen lebendigen Zaun errichten wollte, mit dessen Pflanzung einen Fuß von dem Ort, wo vorher die Planken- oder Dielenwand gestanden hat, auf seinem Grund und Boden einrücken muss.

Hat jemand mit seinem Gebäude seinen Grund völlig eingenommen, so sollte der Nachbar, der Bäume oder Weinreben setzen will, mangels anderer Vereinbarung mit einem eigenen Geländer bis auf einen halben Schuh herankommen und solche „en espalier" dergestalt ziehen, dass sie die jenseitige Wand nicht berühren; in dieser Wand durfte ohne Genehmigung das Geländer nicht befestigt werden (§ 35 Kurhess. BauO).

5. Für *Alt-Frankfurt und Sachsenhausen* bestimmte Art. I § 4 des Frankfurter Wichgesetzes vom 01.04.1851 folgende Grenzabstände für Pflanzen:

für unfruchtbare Bäume In Feldern, Äckern, Gärten und Weingärten	1 Feldrute = 3,558 m
Für fruchtbare Bäume	$^3/_4$ Feldrute = 2,669 m
Für Weidenstämme, Ulmen und Pappeln In Wiesen und gegen Wiesen	$^1/_2$ Feldrute = 1,779 m
Für Gesträuch unter 6 Fuß Höhe	$^3/_8$ Feldrute = 1,334 m
Für Sträucher über 6 Fuß Höhe	wie für Bäume.

Für die weiteren zu Frankfurt damals gehörenden Vororte schrieb die PolizeiVO vom 23.10.1933 folgende Abstände vor:

beim Anpflanzen von so genannten unfruchtbaren Bäumen (Eschen, Erlen und dergleichen) in Wiesen	1,80 m
In Äckern und Gärten	3,50 m
Beim Anpflanzen von so genannten fruchtbaren Bäumen (Äpfel, Birnen, Steinobst)	3,00 m
Beim Anpflanzen von Hecken, die nur 1,35 m hoch gehalten werden dürfen,	1,20 m

Es bestehen allerdings gewisse Zweifel gegen die frühere Gültigkeit der PolizeiVO.

6. Das **Hess.NRG** enthält Vorschriften über den Grenzabstand der **Pflanzen.** Es schränkt die Rechte der Grundstückseigentümer ein. Denn grundsätzlich ist jeder Grundstückseigentümer berechtigt, auf seinem Grundstück beliebig hohe und dichte Bäume oder Sträucher zu pflanzen, auch wenn diese dem Nachbarn Licht und Luft entziehen.

7. Wegen der Grenzabstände für Anpflanzungen, die bei Inkrafttreten des Hess.NRG, dem 01.11.1962, bereits vorhanden waren, vgl. § 43 Abs. 1 Hess.NRG und Art. 3 des ÄndG vom 10.12.2009 (unten Seite 175).

8. Für die Fälle der Neubegründung oder Verjüngung eines **Waldes** hat das Hess. Waldgesetz in § 9 Abs. 3 besondere Abstandsvorschriften geschaffen.

9. Die Nachbarn sind an die im Hess.NRG getroffenen Regelungen nicht gebunden; sie können anderes vereinbaren (vgl. § 46 Hess. NRG).

§ 910 BGB
Überhang

(1) Der Eigentümer eines Grundstücks kann Wurzeln eines Baumes oder eines Strauches, die von einem Nachbargrundstück eingedrungen sind, abschneiden und behalten. Das Gleiche gilt von herüberragenden Zweigen, wenn der Eigentümer dem Besitzer des Nachbargrundstücks eine angemessene Frist zur Beseitigung bestimmt hat und die Beseitigung nicht innerhalb der Frist erfolgt.

(2) Dem Eigentümer steht dieses Recht nicht zu, wenn die Wurzeln oder die Zweige die Benutzung des Grundstücks nicht beeinträchtigen.

Anmerkungen

1. Eigentümer eines Baumes oder Strauches (einschließlich sämtlicher Zweige und Wurzeln) ist grundsätzlich der Eigentümer des Grundstücks, auf dem Baum oder Strauch stehen (§ 93 BGB). Eine Ausnahme gilt nur, wenn Baum oder Strauch – z.B. vom Pächter – nur zu vorübergehendem Zweck (etwa in einer Baumschule) mit dem Grund und Boden verbunden worden sind (§ 95 BGB). In diesem Falle kann Eigentümer des Baumes oder des Strauches ein anderer als der Grundstückseigentümer sein.

2. Obwohl diese Eigentumsregelung besteht, ist der Nachbar, in dessen Grundstück *Zweige* oder *Wurzeln* eindringen, berechtigt, diese *abzuschneiden* und zu *behalten*. Er kann ferner die dadurch sowie die durch die Beseitigung von Schäden entstehenden Kosten vom Baumbesitzer (= Störer) nach Bereicherungsgrundsätzen erstattet verlangen (BGH NJW 2004 S. 603; LG Frankfurt a.M. NJW-RR 1986 S. 503).

   Bei herüberhängenden Zweigen ist allerdings Voraussetzung, dass der beeinträchtigte Nachbar zuvor eine angemessene *Frist zur Beseitigung* gesetzt hat und der Eigentümer des Baumes oder Strauches der Aufforderung nicht nachgekommen ist (vgl. aber Anm. 6).

   Bei der Fristsetzung ist zu beachten, dass durch das Abschneiden der Äste Schäden für Baum oder Strauch nicht eintreten dürfen. Es kommt also bei der Frage, was *angemessen* ist, nicht allein auf die absolute Dauer der Frist an, sondern auch auf die Jahreszeit und deren gärtnerisch-botanische Belange. Für Sträucher und lebende Hecken wird die Frist regelmäßig kürzer zu bemessen sein als für Bäume; bei Obstbäumen kann in der Zeit, in welcher sie im Wachstum oder in vollem Saft stehen, die Beseitigung von Ästen nicht verlangt werden.

3. Ob neben dem Selbsthilferecht des beeinträchtigten Nachbarn (vgl. Anm. 2) noch ein einklagbarer Beseitigungsanspruch besteht, ist bestritten. In der Rechtsprechung wird dies überwiegend bejaht (LG Wiesbaden, Urteil vom 18.05.1999 [8 S 40/98]; BGH NJW 2004 S. 603). Nur in besonders gelagerten Fällen darf der Nachbar, der überhängende Äste abschneiden will, das fremde Grundstück betreten.
4. Das Abschneiden der Zweige und Äste darf nur bis zur Grundstücksgrenze vorgenommen werden, nicht aber etwa bis zum Stamm. Der beeinträchtigte Nachbar wird Eigentümer der Zweige und Wurzeln, wenn er zum Abschneiden berechtigt war.
5. Ein Recht auf Beseitigung der Zweige und Wurzeln besteht nicht, wenn der Nachbar durch sie in der Benutzung seines Grundstücks nicht beeinträchtigt wird, was der Eigentümer des Baumes/Strauches zu beweisen hat; denn § 910 Abs. 2 gilt auch für den Beseitigungsanspruch nach § 1004 BGB (BGH NJW 2004 S. 1037 [1038/1039]).
6. Soweit Zweige oder Wurzeln unberechtigt abgeschnitten werden, kann der geschädigte Nachbar Schadensersatzansprüche geltend machen, wenn ein Verschulden vorliegt. Ein Schadensersatzanspruch des Nachbarn ist allerdings ausgeschlossen, wenn der Eigentümer zwar versäumt hat, eine Beseitigungsfrist zu setzen, die Selbsthilfevoraussetzungen im Übrigen aber vorliegen, der Nachbar also auch bei Bestimmung einer Frist das Abschneiden nicht hätte vermeiden können (sog. rechtmäßiges Alternativverhalten); vgl. LG Gießen, Urteil vom 02.10.1996 in ZMR 1997 S. 238.

7. § 910 BGB gilt nicht für überragende *Baumstämme* von schief gewachsenen Bäumen, auch nicht für Ranken von *Schlinggewächsen*. Insoweit besteht kein Selbsthilferecht des beeinträchtigten Nachbarn, sondern nur der Anspruch gegen den Nachbarn auf Beseitigung der Störung (§ 1004 BGB).
8. Eine Beseitigungsklage (vgl. Anm. 3 und 7) ist erst zulässig, wenn ihr ein außergerichtlicher Schlichtungsversuch vorausgegangen und erfolglos geblieben ist, vgl. § 1 Abs. 1 Nr. 1 Buchst. b) des in Anhang 3 (Seite 214) abgedruckten Gesetzes.
9. Aus § 910 BGB hat die neuere Rechtsprechung des BGH eine sog. Sicherungspflicht entwickelt, d. h. der Grundstückseigentümer muss dafür Sorge tragen, dass die Wurzeln seiner Bäume nicht die Nutzung des Nachbargrundstücks beeinträchtigen. Bei Verletzung dieser Pflicht wird er, auch wenn die Wurzeln nicht in das Nachbargrundstück eingedrungen sind, zum Störer im Sinne des § 1004 BGB (BGH NJW 2004 S. 1035 – Mauerrisse infolge windbedingten Wurzeldrucks einer Rotfichte). Dem Beseitigungsanspruch steht der Ablauf der in § 43 Abs. 1 Satz 2 HNRG bestimmten Dreijahresfrist nicht entgegen (BGH a. a. O. S. 1037).

§ 911 BGB
Überfall

Früchte, die von einem Baume oder einem Strauche auf ein Nachbargrundstück hinüberfallen, gelten als Früchte dieses Grundstücks. Diese Vorschrift findet keine Anwendung, wenn das Nachbargrundstück dem öffentlichen Gebrauch dient.

Anmerkungen

1. *Vor der Trennung* gehören die Früchte eines Baumes oder Strauches dessen Eigentümer, auch wenn die Zweige des Baumes oder Strauches auf das fremde Grundstück hinüberragen. Der Eigentümer ist berechtigt, auch diese Früchte zu ernten; er darf

zu diesem Zweck aber ohne Erlaubnis das fremde Grundstück nicht betreten.

2. Nach der Trennung gehören die Früchte grundsätzlich ebenfalls dem Eigentümer des Baumes oder Strauches oder dem sonst Fruchtziehungsberechtigten (§§ 953 ff. BGB). Auch wenn die Früchte auf ein dem *öffentlichen Gebrauch* dienendes Grundstück, also vor allem einen öffentlichen Weg oder eine öffentliche Anlage, fallen, bleibt der Eigentümer des Baumes oder Strauches Eigentümer der Früchte; gegebenenfalls erwirbt das Eigentum ein etwa vorhandener Fruchtziehungsberechtigter, z. B. Nießbraucher. Vgl. aber Anm. 3.
3. Fallen die Früchte, gleichgültig wodurch, auf ein fremdes *Privatgrundstück,* so wird Eigentümer der Früchte der Nachbar, auf dessen Grundstück sie gefallen sind. Der Nachbar darf diese Früchte behalten. Selbst abtrennen oder abschütteln darf er sie allerdings nicht; er müsste in einem solchen Falle die Früchte an den Nachbarn herausgeben.
4. Wegen einer den Hinüberfall von Früchten betreffenden Streitigkeit kann Klage vor dem ordentlichen Gericht erst erhoben werden, wenn zuvor ein Schlichtungsversuch durchgeführt worden und erfolglos geblieben ist, vgl. § 1 Abs. 1 Nr. 1 Buchst. c) des in Anhang 3 (Seite 214) abgedruckten Gesetzes.

§ 923 BGB
Grenzbaum

(1) Steht auf der Grenze ein Baum, so gebühren die Früchte und, wenn der Baum gefällt wird, auch der Baum den Nachbarn zu gleichen Teilen.

(2) Jeder der Nachbarn kann die Beseitigung des Baumes verlangen. Die Kosten der Beseitigung fallen den Nachbarn zu gleichen Teilen zur Last. Der Nachbar, der die Beseitigung verlangt, hat jedoch die Kosten allein zu tragen, wenn der andere auf sein Recht an dem Baume verzichtet; er erwirbt in diesem Falle mit der Trennung das Alleineigentum. Der Anspruch auf die Beseitigung ist ausgeschlossen, wenn der Baum als Grenzzeichen

dient und den Umständen nach nicht durch ein anderes zweckmäßiges Grenzzeichen ersetzt werden kann.

(3) Diese Vorschriften gelten auch für einen auf der Grenze stehenden Strauch.

Anmerkungen

1. Voraussetzung für die Anwendung des § 923 BGB ist, dass der Baum oder Strauch *auf der Grenze* steht, die Grenze ihn also durchschneidet. Maßgebend kommt es hierbei auf den Stamm an der Stelle an, an der er aus der Erde tritt, vgl. ebenso § 41 Hess.NRG. Gleichgültig ist dabei, ob die Grenze mitten oder seitlich durch den Stamm geht.
2. Über die Eigentumsverhältnisse enthält § 923 BGB nichts. Nach herrschender Ansicht stehen Baum oder Strauch im Miteigentum der beiden Nachbarn. Jeder Grundstückseigentümer ist somit für den ihm gehörenden Teil des Grenzbaumes verkehrssicherungspflichtig. Verletzen die Eigentümer die ihnen zustehenden Verkehrssicherungspflichten, so sind sie für den hieraus entstandenen Schaden nach den Grundsätzen des § 254 BGB haftbar, vgl. BGH VZR 33/04.
3. § 923 BGB gibt *jedem* der Nachbarn das Recht, von dem anderen die Beseitigung des Baumes oder Strauches zu verlangen. Er regelt, wem die Früchte und nach Abholzung der Baum oder Strauch gehören. Beide gebühren den Nachbarn *je zur Hälfte*, ohne Rücksicht darauf, ob die Grenze mitten oder seitlich durch den Stamm geht. Eine Ausnahme besteht, wenn der auf Beseitigung in Anspruch genommene Nachbar auf sein Recht an dem Stamm verzichtet.
4. Die Beseitigung kann jederzeit verlangt werden, so weit der Baum oder Strauch nicht als Grenzzeichen dient oder als solches durch ein anderes zweckmäßiges Grenzzeichen ersetzt werden kann.
5. Der Beseitigungsanspruch unterliegt nach § 924 BGB nicht der Verjährung.

6. Die *Kosten* der Beseitigung fallen beiden Nachbarn zu gleichen Teilen zur Last. Eine Ausnahme besteht nur, wenn der auf Beseitigung in Anspruch genommene Nachbar auf sein Recht an Baum oder Strauch verzichtet (Abs. 2 Satz 3); in einem solchen Fall hat der Nachbar, der die Beseitigung verlangt, die Kosten allein zu tragen.
7. Wegen der einen Grenzbaum betreffenden Streitigkeit kann Klage vor dem ordentlichen Gericht erst erhoben werden, wenn zuvor ein Schlichtungsversuch durchgeführt worden und erfolglos geblieben ist, vgl. § 1 Abs. 1 Nr. 1 Buchst. d) des in Anhang 3 (Seite 214) abgedruckten Gesetzes.

Grenzabstände für Pflanzen

§ 38 Hess.NRG
Grenzabstände für Bäume, Sträucher und einzelne Rebstöcke

(1) Der Eigentümer und die Nutzungsberechtigten eines Grundstücks haben bei dem Anpflanzen von Bäumen, Sträuchern und einzelnen Rebstöcken von den Nachbargrundstücken – vorbehaltlich des § 40 – folgende Abstände einzuhalten:

1. mit Allee- und Parkbäumen, und zwar
   a) sehr stark wachsenden Allee- und Parkbäumen, insbesondere dem Eschenahorn (Acer negundo), sämtlichen Lindenarten (Tilia), der Platane (Platanus acerifolia), der Rosskastanie (Aesculus hippocastanum), der Rotbuche (Fagus sylvatica), der Stieleiche (Quercus robur), ferner der Atlas- und Libanon-Zeder (Cedrus atlantica u. libani), der Douglasfichte (Pseudotsuga taxifolia), der Eibe (Taxus baccata), der österreichischen Schwarzkiefer (Pinus nigra austriaca) 4 m,
   b) stark wachsenden Allee- und Parkbäumen, insbesondere der Mehlbeere (Sorbus intermedia), der Weißbirke (Betula pendula), der Weißerle (Alnus incana), ferner der Fichte oder Rottanne

(Picea abies), der gemeinen Kiefer oder Föhre (Pinus sylvestris), dem abendländischen Lebensbaum (Thuja occidentalis) 2 m,

c) allen übrigen Allee- und Parkbäumen 1,5 m,

2. mit Obstbäumen, und zwar
   a) Walnusssämlingsbäumen 4 m,
   b) Kernobstbäumen, soweit sie auf stark wachsender Unterlage veredelt sind, sowie Süßkirschbäumen und veredelten Walnussbäumen 2 m,
   c) Kernobstbäumen, soweit sie auf schwach wachsender Unterlage veredelt sind, sowie Steinobstbäumen, ausgenommen die Süßkirschenbäume 1,5 m,
3. mit Ziersträuchern, und zwar
   a) stark wachsenden Ziersträuchern, insbesondere der Alpenrose (Rhododendron-Hybriden), dem Feldahorn (Acer campestre), dem Feuerdorn (Pyracantha coccinea), dem Flieder (Syringa vulgaris), dem Goldglöckchen (Forsythia intermedia), der rotblättrigen Haselnuss (Corylus avellana v. fuscorubra), den stark wachsenden Pfeifensträuchern – falscher Jasmin – (Philadelphus coronarius, satsumanus, zeyheri u. a.), ferner dem Wacholder (Juniperus communis) 1 m,
   b) allen übrigen Ziersträuchern 0,5 m,
4. mit Beerenobststräuchern, und zwar
   a) Brombeersträuchern 1 m,
   b) allen übrigen Beerenobststräuchern 0,5 m,
5. mit einzelnen Rebstöcken 0,5 m.

(2) Abs. 1 gilt auch für wild gewachsene Pflanzen.

§ 39 Hess.NRG
Grenzabstände für lebende Hecken

(1) Der Eigentümer und die Nutzungsberechtigten eines Grundstücks haben bei dem Anpflanzen lebender Hecken von den Nachbargrundstücken – vorbehaltlich des § 40 – folgende Abstände einzuhalten:

1. mit Hecken über 2 m Höhe 0,75 m,

2. mit Hecken bis zu 2 m Höhe 0,50 m,

3. mit Hecken bis zu 1,2 m Höhe 0,25 m.

(2) Abs. 1 gilt nicht für Hecken, die das öffentliche Recht als Einfriedung vorschreibt.

Anmerkungen zu §§ 38 und 39

1. § 38 Abs. 1 Nr. 1 und 2 regelt den Abstand für Bäume, Nr. 3 und 4 für Sträucher und Nr. 5 für einzelne Rebstöcke (für Weinberge vgl. § 42 Hess.NRG). Bestimmend für den Abstand ist der mögliche Pflanzenwuchs.

   Bei anderen, in § 38 Abs. 1 nicht namentlich genannten Bäumen und Sträuchern muss jeweils im Einzelfall, u. U. durch Hinzuziehung einer gartenbaulichen Fachkraft, entschieden werden, welcher der verschiedenen Gruppen des Abs. 1 diese Pflanze ihrem Wuchs nach vergleichbar und daher zuzuordnen ist.

2. Die in § 38 Abs. 1 geregelten Abstände für Bäume, Sträucher und einzelne Rebstöcke gelten gemäß Abs. 2 auch für wild gewachsene Pflanzen. Diese Regelung ist interessengerecht, da nur der Eigentümer des Grundstücks rechtlich und tatsächlich die Möglichkeit der Beseitigung hat.

3. Für den Grenzabstand von Hecken gilt § 39. Bei ihnen richtet sich der Abstand nicht nach der möglichen, sondern der beabsichtigten Höhe. Hecke ist nur eine solche Anpflanzung, bei der die Sträucher in dichter Reihe angepflanzt sind, somit der Einfriedung des Grundstücks dienen und im Allgemeinen – mindestens zur Grenze hin – beschnitten werden oder beschnitten werden sollen (LG Limburg, NJW 1986 S. 595). Für in Reihe gepflanzte und nicht zurückgeschnittene Bäume und Sträucher kommen nicht die Hecken-Abstände in Betracht, sondern die des § 38 Abs. 1; so auch LG Saarbrücken, das einer meterhoch gewachsenen Fichtenreihe den Charakter einer Hecke abspricht (MDR 1988 S. 777) und ebenso LG Zweibrücken (MDR 1997 S. 1119).

4. Bei abfallendem Gelände ist die tatsächliche Höhe der Hecke maßgebend; es ist also von dem Niveau des Geländes auszugehen, auf dem sie steht, nicht von dem Niveau des höher oder niedriger gelegenen Nachbargrundstücks (vgl. Abb. 22 S. 172).
5. Der *doppelte Abstand* ist einzuhalten in den Fällen des § 40 Abs. 1 Hess.NRG. Weitere Abweichungen ergeben sich in den Fällen des § 40 Abs. 2 Hess.NRG.
6. Werden bei Anpflanzungen nicht die vorgeschriebenen Abstände eingehalten, so hat der Nachbar einen klagbaren Anspruch auf Beseitigung (§ 43 Abs. 1 Satz 1 Hess.NRG), da er in seinen Rechten beeinträchtigt ist.
7. Das Hess.NRG enthielt ursprünglich keine Vorschriften über das Zurückschneiden einer zu hoch gewachsenen Hecke; es galt auch hier § 1004 BGB. Seit Inkrafttreten des ÄndG vom 10.12.2009 (vgl. Vorwort Seite 5) ist diese Frage in dem neu gefassten § 43 Hess.NRG geregelt. Zu 6. und 7. vgl. die Anmerkungen zu § 43 (Seite 175 f.).
8. Einer Klage muss, sofern es sich nicht um Einwirkungen eines gewerblichen Betriebs handelt, ein erfolgloser außergerichtlicher Schlichtungsversuch vorausgegangen sein (§ 1 Abs. 1 Nr. 1 Buchst. e) des in Anhang 3 [Seite 214] abgedruckten Gesetzes).

§ 40 Hess.NRG
Ausnahmen

(1) Die doppelten Abstände nach den §§ 38 und 39 sind einzuhalten gegenüber Grundstücken, die

1. **dem Weinbau dienen,**
2. **landwirtschaftlich nutzbar sind oder dem Erwerbsgartenbau oder dem Kleingartenbau dienen und im Außenbereich (§ 19 Abs. 1 Nr. 3, § 35 Baugesetzbuch) liegen oder**
3. **durch Bebauungsplan der landwirtschaftlichen, erwerbsgärtnerischen oder kleingärtnerischen Nutzung vorbehalten sind.**

(2) Die §§ 38 und 39 gelten nicht für

1. **Anpflanzungen, die hinter einer Wand oder Mauer vorgenommen werden und diese nicht überragen,**
2. **Anpflanzungen an den Grenzen zu öffentlichen Straßen, zu öffentlichen Grünflächen und zu Gewässern,**
3. **Anpflanzungen auf öffentlichen Straßen.**

(3) § 9 Abs. 3 und 4 des Hessischen Waldgesetzes vom 27. Juni 2013 (GVBl. S. 458) bleibt unberührt.

Anmerkungen

1. Abs. 1 erhöht den Regelabstand von Anpflanzungen (§§ 38 und 39 Hess.NRG) im Interesse des Weinbaus, der Landwirtschaft, des Erwerbsgartenbaus und des Kleingartenbaus auf das Doppelte. Außenbereich in Abs. 1 Nr. 2 bedeutet: Gebiet außerhalb des räumlichen Geltungsbereichs eines Bebauungsplans und außerhalb der im Zusammenhang bebauten Ortsteile.
2. Das Hess.NRG regelt nicht, in welchem Abstand Anpflanzungen an den Grenzen zu *öffentlichen Straßen*, zu öffentlichen Grünflächen und zu Gewässern vorzunehmen sind. Bestimmungen hierüber enthält das öffentliche Recht. § 27 Abs. 2 HStrG (Fundstelle siehe oben Seite 13) schreibt vor, dass Anpflanzungen aller Art nicht angelegt werden dürfen, wenn sie die Sicherheit oder Leichtigkeit des Verkehrs beeinträchtigen können; soweit sie bereits vorhanden sind, haben die Eigentümer und Besitzer ihre Beseitigung zu dulden (vgl. auch Abschn. VII Vorbem. 3, Seite 95). Eine ähnliche Vorschrift enthält § 11 Abs. 2 des Bundesfernstraßengesetzes.
3. Inwieweit *Straßen bepflanzt* werden dürfen, bestimmt ebenfalls nicht das Hess.NRG (vgl. Abs. 2 Nr. 3), sondern das öffentliche Recht. Art und Weise der Anpflanzungen an Straßen richten sich nach den jeweils getroffenen Planfeststellungen, in die auch die geplanten Anpflanzungen aufgenommen werden. Hierzu bestimmt § 28 HStrG:

„(1) Die Bepflanzung des Straßenkörpers, ihre Pflege und Unterhaltung bleiben dem Träger der Straßenbaulast vorbehalten. Dem Natur- und Landschaftsschutz ist Rechnung zu tragen. Die Straßenanlieger haben alle erforderlichen Maßnahmen zu dulden.

(2) In Ortsdurchfahrten im Zuge von Landes- und Kreisstraßen kann die Befugnis nach Abs. 1 der Gemeinde übertragen werden, auch wenn sie nicht Träger der Straßenbaulast ist."

4. Die Abstände, die von *Wäldern* gegenüber anderen Grundstücken eingehalten werden müssen, sind durch § 9 Abs. 3 und 4 Hessisches Waldgesetz bestimmt. Diese Vorschrift lautet:

„(3) Bei der Verjüngung oder Neubegründung eines Waldes dürfen Baumanpflanzungen nur in einem Abstand von mindestens fünf Metern von der Grenze zu einem landwirtschaftlich oder gärtnerisch genutzten Grundstück erfolgen; zu Wegen muss der Abstand mindestens einen Meter, zu Rebgelände mindestens sechs Meter betragen. [2]Die Abstandsstreifen können bis zu einem Meter Abstand von der Grenze mit Sträuchern oder Bäumen bis zu einer Höhe von zwei Metern bepflanzt werden. [3]Die Forstbehörde kann Ausnahmen zulassen.

(4) Bundesautobahnen, Bundes-, Landes-, Kreis- und Gemeindestraßen gelten nicht als Wege im Sinne des Abs. 3 Satz 1."

§ 41 Hess.NRG
Berechnung des Abstandes

Der Abstand wird von der Mitte des Baumstammes, des Strauches oder des Rebstocks bis zur Grenzlinie gemessen, und zwar an der Stelle, an der der Baum, der Strauch oder der Rebstock aus dem Boden austritt.

Anmerkungen

1. Für die Berechnung des Abstandes maßgebend ist die Mitte des Baumstammes, Strauches oder Rebstockes an der Stelle, an der diese aus der Erde treten. Sind mehrere Stämme, Zweige oder Triebe vorhanden, so ist der maßgebend, der der Grenze am nächsten steht. Vgl. Abb. 21 (Seite 172).

2. Zu messen ist die *kürzeste Entfernung* zwischen der in Anm. 1 genannten Stelle und der Grenze. Ist das Gelände ansteigend oder abfallend zur Grenze, so ist nicht entlang dem Grund und Boden, sondern in der Horizontalen zu messen. Vgl. Abb. 22.

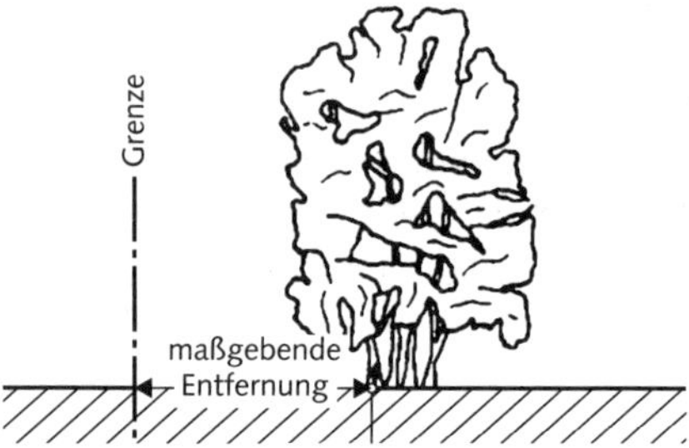

Abb. 21: Berechnung des Abstandes. Dieser ist bei mehreren Stämmen oder Trieben von der Mitte des Stammes oder Triebes zu rechnen, der der Grenze am nächsten steht.

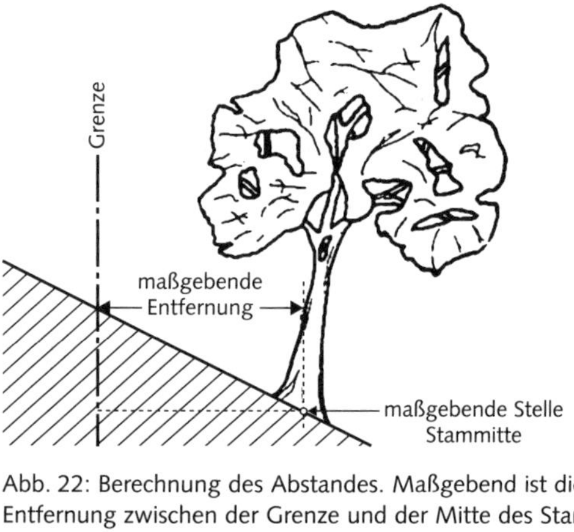

Abb. 22: Berechnung des Abstandes. Maßgebend ist die kürzeste Entfernung zwischen der Grenze und der Mitte des Stammes, ab der der Baum aus dem Boden austritt.

§ 42 Hess.NRG
Grenzabstände im Weinbau

(1) Der Eigentümer und die Nutzungsberechtigten eines dem Weinbau dienenden Grundstücks haben bei dem Anpflanzen von Rebstöcken folgende Abstände einzuhalten:

1. gegenüber den parallel zu den Rebzeilen verlaufenden Grenzen die Hälfte des geringsten Zeilenabstandes, gemessen zwischen den Mittellinien der Rebzeilen, mindestens aber 0,75 m,

2. gegenüber den sonstigen Grenzen, gerechnet von dem äußersten Rebstock oder von der Verankerung, falls eine solche vorhanden ist, 0,5 m.

(2) Übersteigt die Gesamthöhe der Rebanlage 1,8 m (Rebschnittgärten, Weitraumanlage), so beträgt der Abstand nach Abs. 1 Nr. 1 mindestens 1,5 m.

Anmerkungen

1. § 42 Hess.NRG regelt nur die Abstände für Grundstücke, die dem Weinbau dienen, also für Weinberge. Soweit es sich um *einzelne Rebstöcke* handelt, ist die Regelung dem § 38 Nr. 5 Hess.NRG zu entnehmen.
2. Für Rebstöcke in *Weinbergen* sind folgende Abstände vorgeschrieben:
   a) die Hälfte des geringsten Zeilenabstandes, mindestens 0,75 m, wenn die Rebzeilen parallel zur Grundstücksgrenze verlaufen; maßgeblich kommt es hierbei auf die Rebzeile an, die der Grenze am nächsten ist; läuft diese nicht ganz parallel zur Grenze, so kommt ein Abstand nach Abs. 1 Nr. 1 nicht in Betracht;
   b) 0,5 m, wenn die Voraussetzungen von a) nicht vorliegen, also die Rebzeilen nicht parallel zur Grundstücksgrenze verlaufen; für die Berechnung des Abstandes maßgebend ist der äußerste Rebstock in der Rebzeile bzw., falls eine solche vorhanden ist, die Verankerung der Rebzeile oder des Rebstockes;

c) 1,5 m, wenn die Rebzeilen parallel zur Grundstücksgrenze verlaufen (wie im Fall a), es sich aber um Rebschnittgärten oder Weitraumanlagen (Rebanlagen, deren Gesamthöhe 1,8 m übersteigt) handelt.

Vgl. Abb. 23 und 24.

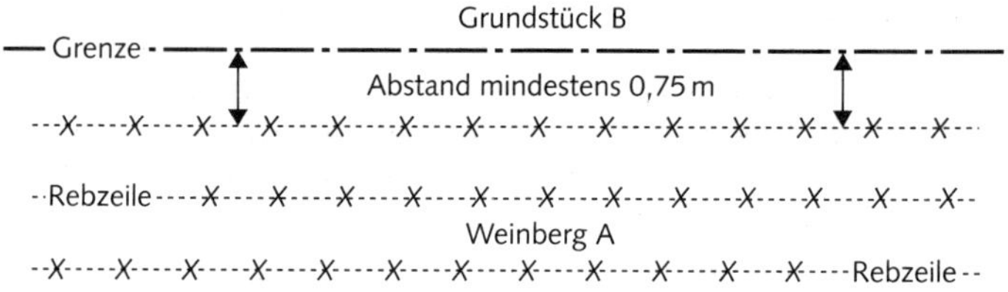

Abb. 23: Rebzeilen verlaufen parallel zur Grundstücksgrenze (§ 42 Abs. 1 Nr. 1 Hess.NRG). Im Falle des Abs. 2 (Rebschnittgarten, Weitraumanlage) beträgt der Mindestabstand 1,5 m.

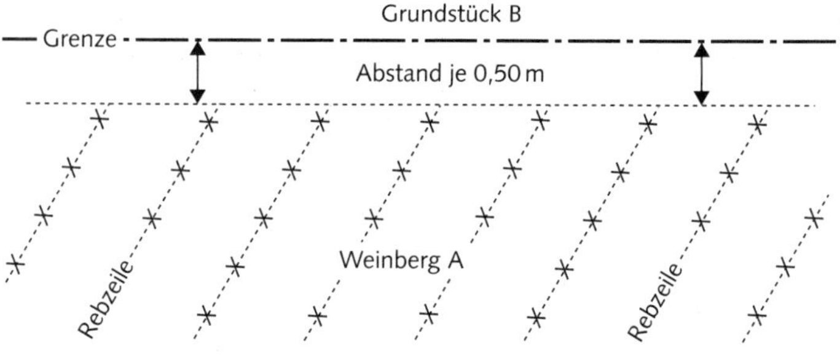

Abb. 24: Rebzeilen verlaufen schräg zur Grundstücksgrenze (§ 42 Abs. 1 Nr. 2 Hess.NRG)

§ 43
Beseitigungsanspruch, Anspruch auf Rückschnitt

(1) Einzelne Bäume, Sträucher und Rebstöcke, die den Grenzabstand nach den §§ 38 und 40, und Hecken, die den Grenzabstand nach § 39 Abs. 1 Nr. 3 und § 40 nicht einhalten, sind auf Verlangen des Nachbarn zu beseitigen. Der Anspruch ist ausgeschlossen, wenn der Nachbar nicht bis zum Ablauf des dritten auf das Anpflanzen oder die Errichtung folgenden Kalenderjahres Klage auf Beseitigung erhoben hat. Bei Bäumen, Sträuchern und Rebstöcken, die zunächst als Heckenbestandteil gezogen wurden, beginnt die Frist zu dem Zeitpunkt, zu dem die Anpflanzung das Erscheinungsbild einer Hecke verliert. Bei wild gewachsenen Pflanzen beginnt die Frist zu dem Zeitpunkt, zu dem das Vorhandensein der Pflanzen für den Nachbarn erkennbar wird.

(2) Hecken, die den Grenzabstand nach § 39 Abs. 1 Nr. 1 und 2 und § 40 nicht einhalten, sind auf Verlangen des Nachbarn auf die zur Einhaltung des Grenzabstandes erforderliche Höhe zurückzuschneiden. Die Verpflichtung zum Rückschnitt muss nur in der Zeit vom 1. Oktober bis zum 15. März erfüllt werden. Für den Anspruch auf Rückschnitt gilt Abs. 1 Satz 2 entsprechend mit der Maßgabe, dass die Frist zu dem Zeitpunkt beginnt, zu dem die Hecke den erforderlichen Abstand unterschreitet.

(3) Werden für die in Abs. 1 Satz 1 genannten Anpflanzungen Ersatzanpflanzungen vorgenommen, so gelten die §§ 38 bis 42. Werden in geschlossenen Obstanlagen einzelne Obstbäume nachgepflanzt, so bleibt der Abstand der anderen Obstbäume maßgebend.

Anmerkungen

1. Nach § 43 Abs. 1 Satz 1 Hess.NRG müssen Anpflanzungen, die den Grenzabstand (§§ 38, 39 und 40 Hess.NRG) nicht einhalten, grundsätzlich auf Verlangen des Nachbarn beseitigt werden. Dieser Beseitigungsanspruch des Nachbarn ist ausgeschlossen, wenn der Nachbar nicht bis zum Ablauf des dritten auf das Anpflanzen oder die Errichtung folgenden Kalenderjahres Klage auf Beseitigung erhoben hat, vgl. BGH V ZR 102/03. Die **Ausschlussfrist**, die früher fünf Jahre betrug, wurde an die Regelverjährung von **drei** Jahren (§ 195 BGB) angepasst. Sie beginnt bei Bäumen,

Sträuchern und Rebstöcken, die zunächst als Heckenbestandteil gezogen wurden, zu dem Zeitpunkt, zu dem die Anpflanzung das Erscheinungsbild einer Hecke verliert. Bei wild gewachsenen Pflanzen beginnt die Frist zu dem Zeitpunkt, zu dem das Vorhandensein der Pflanzen für den Nachbarn erkennbar wird. Sofern der Beseitigungsanspruch des Nachbarn aufgrund Ablauf der Ausschlussfrist nicht mehr durchgesetzt werden kann, kann der beeinträchtigte Nachbar ggfls. Ausgleichsanspruch gem. § 906 Abs. 2 Satz 2 BGB analog geltend machen, vgl. BGH V ZR 102/03.

2. Bei nicht abstandsgerecht angepflanzten *Hecken* sieht Abs. 2 als milderes Mittel statt des Beseitigungsanspruchs einen Anspruch auf Zurückschneiden der Hecke auf die zulässige Höhe vor, wobei dieser nur in der Zeit vom 1. Oktober bis zum 15. März zu erfüllen ist, da sich in dieser Zeit die Pflanzen nicht in der Wachstumsphase befinden und ein Rückschnitt dann keine Schäden verursacht. Auch ist anerkannt, dass der Eigentümer einer Hecke nicht verpflichtet ist dafür zu sorgen, dass diese zu keinem Zeitpunkt die zulässige Höchstgrenze überschreitet, sondern dass er berechtigt ist, das Ende der jährlichen Wachstumsperiode abzuwarten, um erst dann einen Rückschnitt vorzunehmen, vgl. *OLG Frankfurt a.M.*, NJW-RR 1997, 657. Ein Zurückschneiden kommt freilich nicht in Betracht, wenn der kleinstmögliche Mindestabstand des § 39 Abs. 1 Nr. 3 unterschritten wird; in diesem Fall ist es nicht möglich, durch Rückschnitt zu einem Einhalten der Mindestabstände zu gelangen. Insofern verbleibt es hier bei dem Beseitigungsanspruch.

   Die §§ 38 bis 42 Hess.NRG gelten auch für *Ersatzanpflanzungen*. Eine solche Ersatzanpflanzung liegt aber nicht vor, vielmehr nur eine Nachpflanzung, wenn in einer geschlossenen Obstanlage einzelne Bäume ausgewechselt werden. Dieses Auswechseln darf freilich nicht bezwecken, allmählich und systematisch die gesamte Obstanlage zu erneuern, um so die zu geringen Abstände für immer beizuhalten.

Für bei Inkrafttreten des ÄndG 2009 (11.12.2009, vgl. Vorwort Seite 5) schon vorhanden gewesene Pflanzen gilt § 43 Abs. 1 Nr. 2 a.F., und zwar gemäß Art. 3 des ÄndG vom 10.12.2009 (GVBl. I S. 632):

Art. 3
Übergangsvorschrift

Für Anpflanzungen, die bereits vor Inkrafttreten dieses Gesetzes vorhanden waren, gilt § 43 Abs. 1 Nr. 2 des Hessischen Nachbarrechtsgesetzes in der bis zu diesem Zeitpunkt geltenden Fassung.

Übersicht 1: Bäume und Sträucher
Grenzabstände im Allgemeinen

Art der Pflanzung	**Grenzabstände**			
	im Normalfall (d. h. so weit die Spalten 3 bis 5 und Übersicht 2 nicht in Betracht kommen) (§§ 38, 39)	gegenüber Grundstücken, die dem Weinbau dienen, landwirtschaftlich nutzbar sind oder dem Erwerbsgartenbau oder dem Kleingartenbau dienen und im Außenbereich liegen oder durch Bebauungsplan der landwirtschaftlichen, erwerbsgärtnerischen oder kleingärtnerischen Nutzung vorbehalten sind. (§ 40 Abs. 1)	für Anpflanzungen, die hinter einer Wand oder Mauer vorgenommen werden und diese nicht überragen. (§ 40 Abs. 1 Nr. 1)	für Anpflanzungen an den Grenzen zu öffentlichen Straßen, zu öffentlichen Grünflächen und zu Gewässern, Anpflanzungen auf öffentlichen Straßen. (§ 40 Abs. 2 Nr. 2 und 3)
1	2	3	4	5
1. Allee- und Parkbäume, und zwar a) sehr stark wachsende Allee- und Parkbäume, insbesondere Eschenahorn (Acer negundo), sämtliche Lindenarten (Tilia), Platane (Platanus acerifolia), Rosskastanie (Aesculus hippocastanum), Rotbuche (Fagus sylvatica), Stieleiche (Quercus robur), ferner Atlas- und Libanon-Zeder (Cedrus atlantica und libani), Douglasfichte ((Pseudotsuga taxifolia), Eibe (Taxus baccata), österreichische Schwarzkiefer (Pinus nigra austriaca).	4 m	8 m		

b) stark wachsende Allee- und Parkbäume, insbesondere Mehlbeere (Sorbus intermedia), Weißbirke (Betula pendula). Weißerle (Alnus incana), ferner Fichte oder Rottanne (Picea abies), gemeine Kiefer oder Föhre (Pinus sylvestris), abendländischer Lebensbaum (Thuja occidentalis)	2 m	4 m	unmittelbar an Wand oder Mauer	es gilt öffentliches Recht
c) alle übrigen Allee- und Parkbäume	1,5 m	3 m		
2. Obstbäume, und zwar				
a) Walnusssämlingsbäume	4 m	8 m		
b) Kernobstbäume, soweit sie auf stark wachsender Unterlage veredelt sind, sowie Süßkirschenbäume und veredelte Walnussbäume	2 m	4 m		
c) Kernobstbäume, soweit sie auf schwach wachsender Unterlage veredelt sind, sowie Steinobstbäume, ausgenommen die Süßkirschenbäume	1,5 m	3 m		
3. Ziersträucher, und zwar				
a) stark wachsende Ziersträucher, insbesondere Alpenrose (Rhododendron-Hybriden), Feldahorn (Acer campestre), Flieder (Syringa vulgaris), rotblättrige Haselnuss (Corylus avellana v. fuscorubra), Goldglöckchen (Forsythia intermedia), stark wachsende Pfeifensträucher – falscher Jasmin – (Philadelphus coronarius, satsumanus, zeyheri u. a.), ferner Wacholder (Juniperus communis)	1 m	2 m		
b) alle übrigen Ziersträucher	0,5 m	1 m		
4. Beerenobersträucher, und zwar				
a) Brombeersträucher	1 m	2 m		
b) alle übrigen Beerenobersträucher	0,5 m	1 m		
5. einzelne Rebstöcke	0,5 m	1 m		
6. Hecken über 2 m Höhe, so weit nicht Nr. 9	0,75 m	1,5 m		
7. Hecken bis zu 2 m Höhe, so weit nicht Nr. 9	0,5 m	1 m		
8. Hecken bis zu 1,2 m Höhe, so weit nicht Nr. 9	0,25 m	0,5 m		
9. Hecken, die das öffentliche Recht als Einfriedung vorschreibt	Auf bzw. entlang der Grenze (§ 14 Abs. 2)	–	–	–

Übersicht 2: Bäume und Sträucher
Grenzabstände bei Verjüngung oder Neubegründung eines Waldes[1]
(§ 9 Abs. 3 Hess. Waldgesetz)

Abstand für	gegenüber		
	landwirtschaftlich oder gärtnerisch genutzten Grundstücken	Wegen oder Wald (nicht jedoch Bundesautobahnen, Bundesstraßen I. und II. Ordnung)	Rebgelände
1. Bäume von 2 m Höhe und darüber	5 m	1 m	6 m
2. Bäume bis zur Höhe von 2 m	1 m	1 m	1 m
3. Sträucher	1 m	1 m	1 m

§ 44 Hess.NRG
Nachträgliche Grenzänderungen

Die Rechtmäßigkeit des Abstandes einer Anpflanzung wird durch nachträgliche Grenzänderungen nicht berührt; jedoch gilt § 43 Abs. 3 entsprechend.

Anmerkungen

1. Eine Anpflanzung braucht nicht entfernt zu werden, wenn *nachträglich Grenzänderungen* eintreten und dadurch der vorgeschriebene Abstand für Bäume, Sträucher und Rebstöcke nicht mehr vorhanden ist. Um jeden Zweifel auszuschließen, bestimmt das Gesetz dies ausdrücklich.
2. Die Vorschrift war in der Regierungsvorlage nicht enthalten. Sie ist vom Hess. Landtag aufgenommen worden, um im Flurbereinigungsverfahren oder bei sonstigen nachträglichen Grenzänderungen nachbarrechtliche Streitigkeiten zu vermeiden (Landtags-Drucksache Abt. II Nr. 394/IV. Wahlperiode).

---

1 Die untere Forstbehörde kann Ausnahmen zulassen.

Anwendungsbereich des Gesetzes

§ 45

Die §§ 1 bis 44 gelten nur, soweit öffentlich-rechtliche Vorschriften nicht entgegenstehen oder die Beteiligten nichts anderes vereinbaren.

Anmerkungen

Das private Nachbarrecht ist dispositives Recht, d.h. die Grundstücksnachbarn können von den Vorschriften des Hess.NRG abweichende Vereinbarungen treffen. Diese müssen, wenn sie auch für spätere Grundstückserwerber verbindlich sein sollen, durch Grundbucheintragung einer sog. Grunddienstbarkeit gesichert werden (vgl. Urteil des LG Wiesbaden vom 18.05.1999–8 S 40/98 –).

Gegenüber den zivilrechtlichen Normen des Hess.NRG oder hiervon abweichenden Parteivereinbarungen haben indessen öffentlich-rechtliche Bestimmungen grundsätzlich Vorrang, und zwar nicht nur Vorschriften in Gesetzen und Rechtsverordnungen, sondern auch Regelungen in Bebauungsplänen sowie örtlichen Satzungen im Sinne des § 91 HBO;

Beispiele:

- Die Grundstücksnachbarn können keine höheren Einfriedungen als 1,50 m auf der Grenze vereinbaren, wenn öffentlich-rechtliche Normen eine niedrigere Höhe für Einfriedungen vorschreiben (vgl. auch § 6 Abs. 10 Satz 1 Nr. 6 HBO)
- Das Anbaurecht nach §§ 3 Abs. 1, 8 Abs. 2 Hess.NRG steht unter der öffentlich-rechtlichen Voraussetzung des § 12 Abs. 2 HBO

  („Die Verwendung gemeinsamer Bauteile für mehrere bauliche Anlagen ist zulässig, wenn öffentlich-rechtlich und technisch gesichert ist, dass die gemeinsamen Bauteile beim Abbruch einer der baulichen Anlagen stehen bleiben können“)
- Das Leitungsrecht nach § 30 Hess.NRG kann nicht ausgeübt werden, wenn ein Bebauungsplan eine andere Führung von Versorgungsleitungen festsetzt (vgl. § 9 Abs. 1 Nr. 13 BauGB)

Schlussbestimmungen

§ 46
Übergangsvorschriften

§ 47
Änderung des Hessischen Wassergesetzes

§ 48
Außerkrafttreten von Vorschriften

§ 49
Inkrafttreten, Außerkrafttreten

Dieses Gesetz tritt am 1. November 1962 in Kraft. Es tritt mit Ablauf des 31. Dezember 2022 außer Kraft.

Anhang 1
Bürgerliches Gesetzbuch (BGB)

in der Fassung der Bekanntmachung vom 2. Januar 2002 (BGBl. I S. 42, ber. S. 2909, ber. 2003 I S. 738), zuletzt geändert durch Gesetz vom 31. Januar 2019 (BGBl. I S. 54)

Inhalt des Eigentums

§ 903
Befugnisse des Eigentümers

Der Eigentümer einer Sache kann, soweit nicht das Gesetz oder Rechte Dritter entgegenstehen, mit der Sache nach Belieben verfahren und andere von jeder Einwirkung ausschließen. Der Eigentümer eines Tieres hat bei der Ausübung seiner Befugnisse die besonderen Vorschriften zum Schutz der Tiere zu beachten.

§ 904
Notstand

Der Eigentümer einer Sache ist nicht berechtigt, die Einwirkung eines anderen auf die Sache zu verbieten, wenn die Einwirkung zur Abwendung einer gegenwärtigen Gefahr notwendig und der drohende Schaden gegenüber dem aus der Einwirkung dem Eigentümer entstehenden Schaden unverhältnismäßig groß ist. Der Eigentümer kann Ersatz des ihm entstehenden Schadens verlangen.

§ 905
Begrenzung des Eigentums

Das Recht des Eigentümers eines Grundstücks erstreckt sich auf den Raum über der Oberfläche und auf den Erdkörper unter der Oberfläche. Der Eigentümer kann jedoch Einwirkungen nicht verbieten, die in solcher Höhe oder Tiefe vorgenommen werden, dass er an der Ausschließung kein Interesse hat.

§ 906
Zuführung unwägbarer Stoffe

(1) Der Eigentümer eines Grundstücks kann die Zuführung von Gasen, Dämpfen, Gerüchen, Rauch, Ruß, Wärme, Geräusch, Erschütterungen und ähnliche von einem anderen Grundstück ausgehende Einwirkungen insoweit nicht verbieten, als die Einwirkung die Benutzung seines Grundstücks nicht oder nur unwesentlich beeinträchtigt. Eine unwesentliche Beeinträchtigung liegt in der Regel vor, wenn die in Gesetzen oder Rechtsverordnungen festgelegten Grenz- oder Richtwerte von den nach diesen Vorschriften ermittelten und bewerteten Einwirkungen nicht überschritten werden. Gleiches gilt für Werte in allgemeinen Verwaltungsvorschriften, die nach § 48 des Bundes-Immissionsschutzgesetzes erlassen worden sind und den Stand der Technik wiedergeben.

(2) Das Gleiche gilt insoweit, als eine wesentliche Beeinträchtigung durch eine ortsübliche Benutzung des anderen Grundstücks herbeigeführt wird und nicht durch Maßnahmen verhindert werden kann, die Benutzern dieser Art wirtschaftlich zumutbar sind. Hat der Eigentümer hiernach eine Einwirkung zu dulden, so kann er von dem Benutzer des anderen Grundstücks einen angemessenen Ausgleich in Geld verlangen, wenn die Einwirkung eine ortsübliche Benutzung seines Grundstücks oder dessen Ertrag über das zumutbare Maß hinaus beeinträchtigt.

(3) Die Zuführung durch eine besondere Leitung ist unzulässig.

§ 907
Gefahr drohende Anlagen

(1) Der Eigentümer eines Grundstücks kann verlangen, dass auf den Nachbargrundstücken nicht Anlagen hergestellt oder gehalten werden, von denen mit Sicherheit vorauszusehen ist, dass ihr Bestand oder ihre Benutzung eine unzulässige Einwirkung auf sein Grundstück zur Folge hat. Genügt eine Anlage den landesgesetzlichen Vorschriften, die einen bestimmten Abstand von der Grenze oder sonstige Schutzmaßregeln vorschreiben, so kann die Beseitigung der Anlage erst verlangt werden, wenn die unzulässige Einwirkung tatsächlich hervortritt.

(2) Bäume und Sträucher gehören nicht zu den Anlagen im Sinne dieser Vorschriften.

§ 908
Drohender Gebäudeeinsturz

Droht einem Grundstück die Gefahr, dass es durch den Einsturz eines Gebäudes oder eines anderen Werkes, das mit einem Nachbargrundstück verbunden ist, oder durch die Ablösung von Teilen des Gebäudes oder des Werkes beschädigt wird, so kann der Eigentümer von demjenigen, welcher nach dem § 836 Abs. 1 oder den §§ 837, 838 für den eintretenden Schaden verantwortlich sein würde, verlangen, dass er die zur Abwendung der Gefahr erforderliche Vorkehrung trifft.

§ 909
Vertiefung

Ein Grundstück darf nicht in der Weise vertieft werden, dass der Boden des Nachbargrundstücks die erforderliche Stütze verliert, es sei denn, dass für eine genügende anderweitige Befestigung gesorgt ist.

§ 910
Überhang

(1) Der Eigentümer eines Grundstücks kann Wurzeln eines Baumes oder eines Strauches, die von einem Nachbargrundstück eingedrungen sind, abschneiden und behalten. Das Gleiche gilt von herüberragenden Zweigen, wenn der Eigentümer dem Besitzer des Nachbargrundstücks eine angemessene Frist zur Beseitigung bestimmt hat und die Beseitigung nicht innerhalb der Frist erfolgt.

(2) Dem Eigentümer steht dieses Recht nicht zu, wenn die Wurzeln oder die Zweige die Benutzung des Grundstücks nicht beeinträchtigen.

§ 911
Überfall

Früchte, die von einem Baume oder einem Strauche auf ein Nachbargrundstück hinüberfallen, gelten als Früchte dieses Grundstücks. Diese Vorschrift findet keine Anwendung, wenn das Nachbargrundstück dem öffentlichen Gebrauch dient.

§ 912
Überbau; Duldungspflicht

(1) Hat der Eigentümer eines Grundstücks bei der Errichtung eines Gebäudes über die Grenze gebaut, ohne dass ihm Vorsatz oder grobe Fahrlässigkeit zur Last fällt, so hat der Nachbar den Überbau zu dulden, es sei denn, dass er vor oder sofort nach der Grenzüberschreitung Widerspruch erhoben hat.

(2) Der Nachbar ist durch eine Geldrente zu entschädigen. Für die Höhe der Rente ist die Zeit der Grenzüberschreitung maßgebend.

§ 913
Zahlung der Überbaurente

(1) Die Rente für den Überbau ist dem jeweiligen Eigentümer des Nachbargrundstücks von dem jeweiligen Eigentümer des anderen Grundstücks zu entrichten.

(2) Die Rente ist jährlich im Voraus zu entrichten.

§ 914
Rang, Eintragung und Erlöschen der Rente

(1) Das Recht auf die Rente geht allen Rechten an dem belasteten Grundstück, auch den älteren, vor. Es erlischt mit der Beseitigung des Überbaus.

(2) Das Recht wird nicht in das Grundbuch eingetragen. Zum Verzicht auf das Recht sowie zur Feststellung der Höhe der Rente durch Vertrag ist die Eintragung erforderlich.

(3) Im Übrigen finden die Vorschriften Anwendung, die für eine zugunsten des jeweiligen Eigentümers eines Grundstücks bestehende Reallast gelten.

§ 915
Abkauf

(1) Der Rentenberechtigte kann jederzeit verlangen, dass der Rentenpflichtige ihm gegen Übertragung des Eigentums an dem überbauten Teil des Grundstücks den Wert ersetzt, den dieser Teil zur Zeit der Grenzüberschreitung gehabt hat. Macht er von dieser Befugnis Gebrauch, so be-

stimmen sich die Rechte und Verpflichtungen beider Teile nach den Vorschriften über den Kauf.

(2) Für die Zeit bis zur Übertragung des Eigentums ist die Rente fortzuentrichten.

§ 916
Beeinträchtigung von Erbbaurecht oder Dienstbarkeit

Wird durch den Überbau ein Erbbaurecht oder eine Dienstbarkeit an dem Nachbargrundstück beeinträchtigt, so finden zugunsten des Berechtigten die Vorschriften der §§ 912 bis 914 entsprechende Anwendung.

§ 917
Notweg

(1) Fehlt einem Grundstück die zur ordnungsmäßigen Benutzung notwendige Verbindung mit einem öffentlichen Wege, so kann der Eigentümer von den Nachbarn verlangen, dass sie bis zur Hebung des Mangels die Benutzung ihrer Grundstücke zur Herstellung der erforderlichen Verbindung dulden. Die Richtung des Notwegs und der Umfang des Benutzungsrechts werden erforderlichenfalls durch Urteil bestimmt.

(2) Die Nachbarn, über deren Grundstücke der Notweg führt, sind durch eine Geldrente zu entschädigen. Die Vorschriften des § 912 Abs. 2 Satz 2 und der §§ 913, 914, 916 finden entsprechende Anwendung.

§ 918
Ausschluss des Notwegrechts

(1) Die Verpflichtung zur Duldung des Notwegs tritt nicht ein, wenn die bisherige Verbindung des Grundstücks mit dem öffentlichen Wege durch eine willkürliche Handlung des Eigentümers aufgehoben wird.

(2) Wird infolge der Veräußerung eines Teils des Grundstücks der veräußerte oder der zurückbehaltene Teil von der Verbindung mit dem öffentlichen Wege abgeschnitten, so hat der Eigentümer desjenigen Teils, über welchen die Verbindung bisher stattgefunden hat, den Notweg zu dulden. Der Veräußerung eines Teils steht die Veräußerung eines von mehreren demselben Eigentümer gehörenden Grundstücken gleich.

§ 919
Grenzabmarkung

(1) Der Eigentümer eines Grundstücks kann von dem Eigentümer eines Nachbargrundstücks verlangen, dass dieser zur Errichtung fester Grenzzeichen und, wenn ein Grenzzeichen verrückt oder unkenntlich geworden ist, zur Wiederherstellung mitwirkt.

(2) Die Art der Abmarkung und das Verfahren bestimmen sich nach den Landesgesetzen; enthalten diese keine Vorschriften, so entscheidet die Ortsüblichkeit.

(3) Die Kosten der Abmarkung sind von den Beteiligten zu gleichen Teilen zu tragen, sofern nicht aus einem zwischen ihnen bestehenden Rechtsverhältnis sich ein anderes ergibt.

§ 920
Grenzverwirrung

(1) Lässt sich im Falle einer Grenzverwirrung die richtige Grenze nicht ermitteln, so ist für die Abgrenzung der Besitzstand maßgebend. Kann der Besitzstand nicht festgestellt werden, so ist jedem der Grundstücke ein gleich großes Stück der streitigen Fläche zuzuteilen.

(2) Soweit eine diesen Vorschriften entsprechende Bestimmung der Grenze zu einem Ergebnis führt, das mit den ermittelten Umständen, insbesondere mit der feststehenden Größe der Grundstücke, nicht übereinstimmt, ist die Grenze so zu ziehen, wie es unter Berücksichtigung dieser Umstände der Billigkeit entspricht.

§ 921
Gemeinschaftliche Benutzung von Grenzanlagen

Werden zwei Grundstücke durch einen Zwischenraum, Rain, Winkel, einen Graben, eine Mauer, Hecke, Planke oder eine andere Einrichtung, die zum Vorteil beider Grundstücke dient, voneinander geschieden, so wird vermutet, dass die Eigentümer der Grundstücke zur Benutzung der Einrichtung gemeinschaftlich berechtigt seien, sofern nicht äußere Merkmale darauf hinweisen, dass die Einrichtung einem der Nachbarn allein gehört.

§ 922
Art der Benutzung und Unterhaltung

Sind die Nachbarn zur Benutzung einer der in § 921 bezeichneten Einrichtungen gemeinschaftlich berechtigt, so kann jeder sie zu dem Zwecke, der sich aus ihrer Beschaffenheit ergibt, insoweit benutzen, als nicht die Mitbenutzung des anderen beeinträchtigt wird. Die Unterhaltungskosten sind von den Nachbarn zu gleichen Teilen zu tragen. Solange einer der Nachbarn an dem Fortbestand der Einrichtung ein Interesse hat, darf sie nicht ohne seine Zustimmung beseitigt oder geändert werden. Im Übrigen bestimmt sich das Rechtsverhältnis zwischen den Nachbarn nach den Vorschriften über die Gemeinschaft.

§ 923
Grenzbaum

(1) Steht auf der Grenze ein Baum, so gebühren die Früchte und, wenn der Baum gefällt wird, auch der Baum den Nachbarn zu gleichen Teilen.

(2) Jeder der Nachbarn kann die Beseitigung des Baumes verlangen. Die Kosten der Beseitigung fallen den Nachbarn zu gleichen Teilen zur Last. Der Nachbar, der die Beseitigung verlangt, hat jedoch die Kosten allein zu tragen, wenn der andere auf sein Recht an dem Baume verzichtet; er erwirbt in diesem Falle mit der Trennung das Alleineigentum. Der Anspruch auf die Beseitigung ist ausgeschlossen, wenn der Baum als Grenzzeichen dient und den Umständen nach nicht durch ein anderes zweckmäßiges Grenzzeichen ersetzt werden kann.

(3) Diese Vorschriften gelten auch für einen auf der Grenze stehenden Strauch.

§ 924
Unverjährbarkeit nachbarrechtlicher Ansprüche

Die Ansprüche, die sich aus den §§ 907 bis 909, 915, dem § 917 Abs. 1, dem § 918 Abs. 2, den §§ 919, 920 und dem § 923 Abs. 2 ergeben, unterliegen nicht der Verjährung.

§ 1004
Beseitigungs- und Unterlassungsanspruch

(1) Wird das Eigentum in anderer Weise als durch Entziehung oder Vorenthaltung des Besitzes beeinträchtigt, so kann der Eigentümer von dem Störer die Beseitigung der Beeinträchtigung verlangen. Sind weitere Beeinträchtigungen zu besorgen, so kann der Eigentümer auf Unterlassung klagen.

(2) Der Anspruch ist ausgeschlossen, wenn der Eigentümer zur Duldung verpflichtet ist.

Anhang 2
Hessisches Nachbarrechtsgesetz

vom 24. September 1962 (GVBl. I S. 417), geändert durch Gesetze vom 16. März 1970 (GVBl. I S. 234), vom 25. September 1990 (GVBl. I S. 563), vom 10. Dezember 2009 (GVBl. I S. 631), vom 28. September 2014 (GVBl. S. 218)

– FFN 231–36 –

Inhaltsverzeichnis

Erster Abschnitt
Nachbarwand

§ 1
Errichten einer Nachbarwand

(1) Nachbarwand ist die auf der Grenze zweier Grundstücke errichtete Wand, die den auf diesen Grundstücken errichteten oder zu errichtenden Bauwerken als Abschlusswand oder zur Unterstützung oder Aussteifung dient oder dienen soll.

(2) Der Eigentümer eines Grundstücks darf eine Nachbarwand errichten, wenn

1. die Bebauung seines und des benachbarten Grundstücks bis an die Grenze vorgeschrieben oder zugelassen ist und
2. der Eigentümer des benachbarten Grundstücks einwilligt.

§ 2
Beschaffenheit der Nachbarwand

Die Nachbarwand ist in der Art und in der Dicke auszuführen, wie es notwendig ist, um den beabsichtigten Zweck zu erreichen. Höchstens mit der Hälfte der hiernach gebotenen Dicke darf sie das angrenzende Grundstück in Anspruch nehmen.

§ 3
Anbau an die Nachbarwand

(1) Der Eigentümer des Nachbargrundstücks ist berechtigt, an die Nachbarwand anzubauen. Anbau ist die Mitbenutzung der Nachbarwand als Abschlusswand oder zur Unterstützung oder Aussteifung des neuen Bauwerks.

(2) Der anbauende Eigentümer des Nachbargrundstücks ist zur Zahlung einer Vergütung in Höhe des halben Wertes der Nachbarwand, höchstens des halben Wertes einer Nachbarwand im Sinne des § 2 Satz 1 verpflichtet, soweit die Nachbarwand durch den Anbau genutzt ist. Nimmt die Nachbarwand von dem angrenzenden Grundstück eine größere Bodenfläche in Anspruch, als § 2 Satz 2 vorsieht, so ist dies bei der Festsetzung der Ver-

gütung angemessen zu berücksichtigen. Für die Berechnung des Wertes der Nachbarwand und für die Fälligkeit der Vergütung ist der Zeitpunkt der Rohbauabnahme des Anbaus maßgebend. Auf Verlangen ist Sicherheit in Höhe der voraussichtlich zu gewährenden Vergütung zu leisten; in solchem Falle darf der Anbau erst nach Leistung der Sicherheit begonnen oder fortgesetzt werden.

(3) Bis zum Anbau an die Nachbarwand fallen die Unterhaltungskosten dem Eigentümer allein zur Last. Nach dem Anbau sind die Unterhaltungskosten für den gemeinsam genutzten Teil der Nachbarwand von beiden Grundstückseigentümern entsprechend dem Verhältnis ihrer Beteiligung gemäß Abs. 2 Satz 1 und 2 zu tragen.

§ 4
Nichtbenutzen der Nachbarwand

(1) Wird das spätere Bauwerk nicht an die Nachbarwand angebaut, so hat der anbauberechtigte Eigentümer des Nachbargrundstücks für die durch die Errichtung der Nachbarwand entstandenen Mehraufwendungen gegenüber den Kosten der Herstellung einer Grenzwand (§ 8 Abs. 1) Ersatz zu leisten; dabei ist in angemessener Weise zu berücksichtigen, dass das Nachbargrundstück durch die Nachbarwand teilweise weiter genutzt wird. Der zu erstattende Betrag darf jedoch nicht höher sein als der, den der Eigentümer des Nachbargrundstücks im Falle des Anbaus nach § 3 Abs. 2 Satz 1 bis 3 zu zahlen hätte. Der Anspruch wird mit der Rohbauabnahme des späteren Bauwerks fällig.

(2) Der anbauberechtigte Eigentümer des Nachbargrundstücks ist ferner verpflichtet, die Fuge zwischen der Nachbarwand und seinem an die Nachbarwand herangebauten Bauwerk auf seine Kosten bündig mit der Außenfläche seines Bauwerks zu verdecken.

§ 5
Beseitigen der Nachbarwand

(1) Der Eigentümer der Nachbarwand ist berechtigt, die Nachbarwand ganz oder teilweise zu beseitigen, solange und soweit noch nicht angebaut ist.

(2) Das Recht nach Abs. 1 besteht nicht, wenn der anbauberechtigte Eigentümer des Nachbargrundstücks die Absicht, die Nachbarwand ganz oder teilweise durch Anbau zu nutzen, dem Eigentümer der Nachbarwand anzeigt und spätestens binnen 6 Monaten den erforderlichen Bauantrag bei der Bauaufsichtsbehörde einreicht.

(3) Abs. 2 ist nicht anwendbar, wenn der Eigentümer der Nachbarwand, bevor er eine Anzeige nach Abs. 2 erhalten hat, die Absicht, die Nachbarwand ganz oder teilweise zu beseitigen, dem Eigentümer des Nachbargrundstücks anzeigt und spätestens binnen 6 Monaten den erforderlichen Bauantrag bei der Bauaufsichtsbehörde einreicht.

(4) Gehen die Anzeigen nach Abs. 2 und 3 ihren Empfängern gleichzeitig zu, so hat die Anzeige nach Abs. 3 keine Rechtswirkung.

(5) Macht der Eigentümer der Nachbarwand von seinem Beseitigungsrecht zulässigen Gebrauch, so hat er dem Eigentümer des Nachbargrundstücks für die Dauer der Nutzung des Nachbargrundstücks durch den hinübergebauten Teil der Nachbarwand eine angemessene Vergütung zu leisten. Beseitigt der Eigentümer der Nachbarwand diese ganz oder teilweise, obwohl gemäß Abs. 2 ein Recht hierzu nicht besteht, so hat er dem anbauberechtigten Eigentümer des Nachbargrundstücks Ersatz für den durch die völlige oder teilweise Beseitigung der Anbaumöglichkeit zugefügten Schaden zu leisten; der Anspruch wird mit der Rohbauabnahme des späteren Bauwerks fällig.

§ 6
Erhöhen der Nachbarwand

Jeder Grundstückseigentümer ist berechtigt, die Nachbarwand in voller Dicke auf seine Kosten zu erhöhen. Für den erhöhten Teil der Nachbarwand gelten die §§ 3, 4 Abs. 2 sowie § 5 Abs. 1 bis 4 und Abs. 5 Satz 2 entsprechend.

§ 7
Verstärken der Nachbarwand

Jeder Grundstückseigentümer darf die Nachbarwand auf seinem Grundstück verstärken.

Zweiter Abschnitt
Grenzwand

§ 8
Anbau an eine Grenzwand

(1) Grenzwand ist die an der Grenze zum Nachbargrundstück auf dem Grundstück des Erbauers errichtete Wand.

(2) Der Eigentümer des Nachbargrundstücks darf eine Grenzwand durch Anbau nutzen, wenn der Eigentümer der Grenzwand einwilligt. Anbau ist die Mitbenutzung der Grenzwand als Abschlusswand oder zur Unterstützung oder Aussteifung des neuen Bauwerks.

(3) Der anbauende Eigentümer des Nachbargrundstücks hat eine Vergütung in Höhe des halben Wertes der Grenzwand, soweit sie durch den Anbau genutzt ist, zu zahlen und ferner eine angemessene Vergütung dafür zu leisten, dass er den für die Errichtung einer eigenen Abschlusswand erforderlichen Baugrund einspart. Für die Berechnung des Wertes der Grenzwand und für die Fälligkeit der Vergütung ist der Zeitpunkt der Rohbauabnahme des Anbaus maßgebend. Auf Verlangen ist Sicherheit in Höhe der voraussichtlich zu gewährenden Vergütung zu leisten; in solchem Falle darf der Anbau erst nach Leistung der Sicherheit begonnen oder fortgesetzt werden.

(4) Nach dem Anbau sind die Unterhaltungskosten für den gemeinsam genutzten Teil der Grenzwand von den beiden Grundstückseigentümern zu gleichen Teilen zu tragen.

§ 9
Errichten einer zweiten Grenzwand

Steht auf einem Grundstück ein Bauwerk an der Grenze und wird später auf dem Nachbargrundstück an dieser Grenze ein Bauwerk errichtet, aber nicht an die Grenzwand angebaut, so ist dessen Erbauer verpflichtet, die Fuge zwischen den Grenzwänden auf seine Kosten bündig mit der Außenfläche des Bauwerks zu verdecken.

§ 10
Besondere Gründung

(1) Auf Verlangen des Eigentümers des Nachbargrundstücks ist der Erbauer eines an der gemeinsamen Grenze zu errichtenden Bauwerks verpflichtet, eine solche Gründung vorzunehmen, dass bei der späteren Durchführung des Bauvorhabens des Eigentümers des Nachbargrundstücks zusätzliche Baumaßnahmen vermieden werden. Der Eigentümer des Nachbargrundstücks kann das Verlangen nur bis zum Eingang des Bauantrags bei der Bauaufsichtsbehörde dem Bauherrn gegenüber stellen.

(2) Die durch das Verlangen nach Abs. 1 entstehenden Mehrkosten sind zu erstatten. In Höhe der voraussichtlich erwachsenden Mehrkosten ist auf Verlangen des Bauherrn binnen zwei Wochen Vorschuss zu leisten. Der Anspruch auf die besondere Gründung erlischt, wenn der Vorschuss nicht fristgerecht geleistet wird.

(3) Soweit der Bauherr die besondere Gründung auch zum Vorteil seines Bauwerks ausnutzt, beschränkt sich die Erstattungspflicht des Eigentümers des Nachbargrundstücks auf den angemessenen Kostenanteil. Bereits gezahlte Kosten können zurückgefordert werden.

§ 10 a
Wärmedämmung

(1) Der Eigentümer und die Nutzungsberechtigten eines Grundstücks haben Bauteile, die auf ihr Grundstück übergreifen, zu dulden, wenn

1. es sich bei den übergreifenden Bauteilen um eine Wärmedämmung handelt, die über die Bauteilanforderungen der Energieeinsparverordnung vom 24. Juli 2007 (BGBl. I S. 1519), geändert durch Verordnung vom 29. April 2009 (BGBl. I S. 954), in der jeweils geltenden Fassung für bestehende Gebäude nicht hinausgeht,
2. eine vergleichbare Wärmedämmung auf andere Weise mit vertretbarem Aufwand nicht vorgenommen werden kann und
3. die übergreifenden Bauteile
   a) an einer vorhandenen einseitigen Grenzwand auf dem Nachbargrundstück angebracht werden,

b) die Benutzung des betroffenen Grundstücks nicht oder nur geringfügig beeinträchtigen und
c) öffentlich-rechtlichen Vorschriften nicht widersprechen.

Die Duldungspflicht nach Satz 1 erstreckt sich auch auf die mit der Wärmedämmung zusammenhängenden notwendigen Änderungen von Bauteilen.

(2) Für die Verpflichtung zum Schadensersatz und zur Anzeige gelten die §§ 23 und 24 entsprechend mit der Maßgabe, dass die Frist zur Anzeige einen Monat beträgt und die Anzeige Art und Umfang der Baumaßnahme umfassen muss.

(3) Dem Eigentümer des betroffenen Grundstücks ist ein angemessener Ausgleich in Geld zu leisten. Sofern nichts anderes vereinbart wird, gelten § 912 Abs. 2 und die §§ 913 und 914 des Bürgerlichen Gesetzbuchs entsprechend.

§ 10 b
Über die Grenze gebaute Wand

Die Vorschriften für die Grenzwand gelten entsprechend für eine über die Grenze hinausreichende Wand, die keine Nachbarwand im Sinne von § 1 Abs. 1 ist und zu deren Duldung der Eigentümer und die Nutzungsberechtigten des Nachbargrundstücks verpflichtet sind.

Dritter Abschnitt
Fenster- und Lichtrecht

§ 11
Umfang und Inhalt

(1) In oder an der Außenwand eines Gebäudes, die parallel oder in einem Winkel bis zu 60 Grad zur Grenze des Nachbargrundstücks verläuft, dürfen Fenster oder Türen oder zum Betreten bestimmte Bauteile nur mit der Einwilligung des Eigentümers des Nachbargrundstücks angebracht werden, wenn die Fenster, die Türen oder die Bauteile von der Grenze einen geringeren Abstand als 2,5 m einhalten sollen.

(2) Die Einwilligung muss erteilt werden, wenn keine oder nur geringfügige Beeinträchtigungen zu erwarten sind.

§ 12
Ausnahmen

§ 11 Abs. 1 gilt nicht,

1. soweit nach öffentlich-rechtlichen Vorschriften Fenster, Türen oder zum Betreten bestimmte Bauteile anzubringen sind;
2. für lichtdurchlässige, jedoch undurchsichtige und gegen Feuereinwirkung widerstandsfähige Wandbauteile;
3. für Außenwände gegenüber Grenzen zu öffentlichen Straßen, zu öffentlichen Grünflächen und zu Gewässern.

§ 13
Ausschluss des Beseitigungsanspruchs

Der Anspruch auf Beseitigung einer Einrichtung nach § 11 Abs. 1, die einen geringeren als den in § 11 Abs. 1 vorgeschriebenen Abstand einhält, ist ausgeschlossen,

1. wenn die Einrichtung bei Inkrafttreten dieses Gesetzes vorhanden ist und ihr Abstand dem bisherigen Recht entspricht oder
2. wenn der Nachbar nicht binnen einem Jahr nach dem Anbringen der Einrichtung Klage auf Beseitigung erhoben hat; diese Frist beginnt frühestens mit dem Inkrafttreten dieses Gesetzes.

Vierter Abschnitt
Einfriedung

§ 14
Errichtung

(1) Der Eigentümer eines bebauten oder gewerblich genutzten Grundstücks ist auf Verlangen des Eigentümers des Nachbargrundstücks verpflichtet, sein Grundstück einzufrieden, soweit die Grenze zum Nachbargrundstück nicht mit Gebäuden besetzt ist. Sind beide Grundstücke bebaut oder gewerblich genutzt, so sind die Eigentümer der beiden Grundstücke gegenseitig verpflichtet, bei der Errichtung der Einfriedung mitzuwirken. Stellt das Verlangen nach Satz 1 der Eigentümer eines Grundstücks, das

weder bebaut noch gewerblich genutzt ist, aber innerhalb eines im Zusammenhang bebauten Ortsteils gelegen oder in einem Bebauungsplan als Bauland ausgewiesen ist, so ist er berechtigt, bei der Errichtung der Einfriedung mitzuwirken.

(2) Die Einfriedung ist im Falle des Abs. 1 Satz 1 – vorbehaltlich des § 16 Abs. 1 – entlang der Grenze, in den übrigen Fällen auf der Grenze zu errichten.

(3) Als gewerblich genutzt im Sinne des Abs. 1 Satz 1 gilt nicht ein Grundstück, das dem Erwerbsgartenbau dient.

§ 15
Beschaffenheit

Die Einfriedung besteht aus einem ortsüblichen Zaun; lässt sich eine ortsübliche Einfriedung nicht feststellen, so besteht sie aus einem 1,2 m hohen Zaun aus verzinktem Maschendraht. Schreiben öffentlich-rechtliche Vorschriften eine andere Art der Einfriedung vor, so tritt diese an die Stelle der in Satz 1 genannten Einfriedungsart.

§ 16
Abstand von der Grenze

(1) Die Einfriedung muss von der Grenze eines Grundstücks, das außerhalb eines im Zusammenhang bebauten Ortsteils liegt und nicht in einem Bebauungsplan als Bauland ausgewiesen ist, 0,5 m zurückbleiben, auch wenn ein Verlangen nach § 14 Abs. 1 nicht gestellt worden ist. Dies gilt nicht gegenüber Grundstücken, für die nach Lage, Beschaffenheit oder Größe eine Bearbeitung mit Gespann oder Schlepper nicht in Betracht kommt.

(2) Der Anspruch auf Beseitigung einer Einfriedung, die einen geringeren als den nach Abs. 1 vorgeschriebenen Abstand einhält, ist ausgeschlossen,

1. wenn die Einfriedung bei Inkrafttreten dieses Gesetzes vorhanden ist und ihr Abstand dem bisherigen Recht entspricht oder
2. wenn der Nachbar nicht binnen zwei Jahren nach der Errichtung Klage auf Beseitigung erhoben hat; diese Frist beginnt frühestens mit dem Inkrafttreten dieses Gesetzes.

(3) Wird eine Einfriedung, die einen geringeren als den nach Abs. 1 vorgeschriebenen Abstand einhält, durch eine andere ersetzt, so gilt Abs. 1.

§ 17
Kosten der Errichtung

(1) In den Fällen des § 14 Abs. 1 Satz 2 und 3 tragen die beteiligten Grundstückseigentümer die Kosten der Errichtung der Einfriedung zu gleichen Teilen.

(2) Wird das an ein eingefriedetes Grundstück angrenzende Grundstück bebaut oder gewerblich genutzt, so ist der Eigentümer des angrenzenden Grundstücks, sofern eine Verpflichtung zur Übernahme anteiliger Errichtungskosten für ihn noch nicht entstanden ist, zur Zahlung einer Vergütung in Höhe der Hälfte der Kosten der Errichtung der Einfriedung unter angemessener Berücksichtigung der bisherigen Abnutzung verpflichtet; das Gleiche gilt, wenn das angrenzende Grundstück in den im Zusammenhang bebauten Ortsteil einbezogen oder in einem Bebauungsplan als Bauland ausgewiesen wird, sofern der Eigentümer dieses Grundstücks oder sein Rechtsvorgänger die Errichtung der Einfriedung verlangt hatte.

(3) Der Berechnung sind die Errichtungskosten einer Einfriedung im Sinne des § 15, höchstens die tatsächlichen Aufwendungen, einschließlich der Eigenleistungen, zugrunde zu legen. Ist nur für eines der beiden Grundstücke eine Einfriedungsart nach § 15 Satz 2 vorgeschrieben, so sind der Berechnung die Errichtungskosten einer Einfriedung nach § 15 Satz 1, höchstens die tatsächlichen Aufwendungen, einschließlich der Eigenleistungen, zugrunde zu legen.

§ 18
Kosten der Unterhaltung

(1) Die Kosten der Unterhaltung der Einfriedung tragen die beteiligten Grundstückseigentümer je zur Hälfte, wenn für sie oder ihre Rechtsvorgänger die Verpflichtung zur Tragung von Errichtungskosten begründet worden ist.

(2) § 17 Abs. 3 gilt entsprechend.

§ 19
Ausnahmen

Die §§ 14 bis 18 gelten nicht für Einfriedungen zwischen Grundstücken und den an sie angrenzenden öffentlichen Straßen, öffentlichen Grünflächen und Gewässern.

Fünfter Abschnitt
Veränderung des Grundwasserspiegels

§ 20

Der Eigentümer und die Nutzungsberechtigten eines Grundstücks dürfen auf dessen Untergrund mit physikalischen oder chemischen Mitteln nicht in einer Weise einwirken, dass der Grundwasserspiegel steigt oder sinkt und dadurch auf einem Nachbargrundstück erhebliche Beeinträchtigungen hervorgerufen werden.

Sechster Abschnitt
Wild abfließendes Wasser

§ 21
Abfluss und Zufluss

(1) Wild abfließendes Wasser ist oberirdisch außerhalb eines Bettes abfließendes Quell- oder Niederschlagswasser.

(2) Der Eigentümer und die Nutzungsberechtigten eines Grundstücks dürfen nicht

1. den Abfluss wild abfließenden Wassers auf Nachbargrundstücke verstärken,
2. den Zufluss wild abfließenden Wassers von Nachbargrundstücken auf ihr Grundstück hindern,

wenn dadurch die Nachbargrundstücke erheblich beeinträchtigt werden.

(3) Der Eigentümer und die Nutzungsberechtigten eines Grundstücks dürfen den Abfluss von Niederschlagswasser von ihrem Grundstück auf Nachbargrundstücke mindern oder unterbinden.

§ 22
Wiederherstellung des früheren Zustandes

(1) Haben Naturereignisse den Abfluss wild abfließenden Wassers von einem Grundstück auf ein Nachbargrundstück verstärkt oder den Zufluss wild abfließenden Wassers von einem Nachbargrundstück auf ein Grundstück gemindert oder unterbunden und wird dadurch das Nachbargrundstück erheblich beeinträchtigt, so müssen der Eigentümer und die Nutzungsberechtigten des Grundstücks die Wiederherstellung des früheren Zustandes durch den Eigentümer und die Nutzungsberechtigten des beeinträchtigten Nachbargrundstücks dulden.

(2) Die Wiederherstellung muss binnen drei Jahren vom Ende des Jahres ab, in dem die Veränderung eingetreten ist, durchgeführt werden. Während der Dauer eines Rechtsstreits über die Verpflichtung zur Duldung der Wiederherstellung ist der Lauf der Frist für die Prozessbeteiligten gehemmt.

§ 23
Schadensersatz

Schaden, der bei Ausübung des Rechts auf dem betroffenen Grundstück entsteht, ist zu ersetzen. Auf Verlangen ist Sicherheit in Höhe des voraussichtlichen Schadensbetrags zu leisten; in solchem Falle darf das Recht erst nach Leistung der Sicherheit ausgeübt werden.

§ 24
Anzeigepflicht

(1) Die Absicht, das Recht nach § 22 Abs. 1 auszuüben, ist zwei Wochen vor Beginn der Bauarbeiten dem Eigentümer und, soweit deren Rechtsstellung oder Besitzstand davon berührt wird, auch den Nutzungsberechtigten des betroffenen Grundstücks anzuzeigen.

(2) Ist der Duldungspflichtige, der nicht unmittelbarer Besitzer ist, nicht bekannt oder infolge Aufenthalts im Ausland nicht alsbald erreichbar und hat er auch keinen Vertreter bestellt, so genügt insoweit die Anzeige an den unmittelbaren Besitzer.

§ 25
Wegfall der Verpflichtung zur Sicherheitsleistung und zur Anzeige

Ist die Ausübung des Rechts nach § 22 Abs. 1 zur Abwendung einer gegenwärtigen erheblichen Gefahr erforderlich, so entfällt die Verpflichtung zur Sicherheitsleistung und zur Anzeige.

Siebenter Abschnitt
Dachtraufe

§ 26
Niederschlagswasser

(1) Der Eigentümer und die Nutzungsberechtigten eines Grundstücks müssen ihre baulichen Anlagen so einrichten, dass

1. Niederschlagswasser nicht auf das Nachbargrundstück tropft oder nach diesem abgeleitet wird,
2. Niederschlagswasser, das auf das eigene Grundstück tropft oder abgeleitet ist, nicht auf das Nachbargrundstück übertritt.

(2) Abs. 1 findet keine Anwendung auf freistehende Mauern entlang öffentlicher Straßen und öffentlicher Grünflächen.

§ 27
Anbringen von Sammel- und Abflusseinrichtungen

(1) Der Eigentümer und die Nutzungsberechtigten eines Grundstücks, die aus besonderem Rechtsgrund verpflichtet sind, das von den baulichen Anlagen eines Nachbargrundstücks tropfende oder abgeleitete oder von dem Nachbargrundstück übertretende Niederschlagswasser aufzunehmen, sind berechtigt, auf eigene Kosten besondere Sammel- und Abflusseinrichtungen an der baulichen Anlage des traufberechtigten Nachbarn anzubringen, wenn die damit verbundene Beeinträchtigung nicht erheblich ist. Sie haben diese Einrichtungen zu unterhalten.

(2) Für die Verpflichtungen zum Schadensersatz und zur Anzeige gelten die §§ 23 und 24 entsprechend.

Achter Abschnitt
Hammerschlags- und Leiterrecht

§ 28
Inhalt und Umfang

(1) Der Eigentümer und die Nutzungsberechtigten eines Grundstücks müssen dulden, dass ihr Grundstück von dem Eigentümer und den Nutzungsberechtigten des Nachbargrundstücks zwecks Errichtung, Veränderung, Unterhaltung oder Beseitigung einer baulichen Anlage betreten wird und dass auf oder über ihm Gerüste aufgestellt sowie die zu den Bauarbeiten erforderlichen Gegenstände über das Grundstück gebracht oder dort niedergelegt werden, wenn und soweit

1. das Vorhaben anders nicht zweckmäßig oder nur mit unverhältnismäßig hohen Kosten durchgeführt werden kann,
2. die mit der Duldung verbundenen Nachteile oder Belästigungen nicht außer Verhältnis zu dem von dem Berechtigten erstrebten Vorteil stehen und
3. das Vorhaben den baurechtlichen Vorschriften entspricht.

(2) Das Recht ist mit tunlichster Schonung auszuüben. Wird das betroffene Grundstück landwirtschaftlich oder gewerbsmäßig gärtnerisch genutzt, so darf das Recht nicht zur Unzeit geltend gemacht werden, wenn sich die Arbeiten unschwer auf einen späteren Zeitpunkt verlegen lassen.

(3) Abs. 1 findet auf die Eigentümer öffentlicher Straßen keine Anwendung.

§ 29
Schadensersatz und Anzeigepflicht

Für die Verpflichtungen zum Schadensersatz und zur Anzeige gelten die §§ 23 bis 25 entsprechend.

Neunter Abschnitt
Duldung von Leitungen

§ 30
Leitungen in Privatgrundstücken

(1) Der Eigentümer und die Nutzungsberechtigten eines Grundstücks müssen dulden, dass durch ihr Grundstück der Eigentümer und die Nutzungsberechtigten des Nachbargrundstücks auf ihre Kosten Versorgungs- und Abwasserleitungen hindurchführen, wenn

1. der Anschluss an das Versorgungs- und Entwässerungsnetz anders nicht zweckmäßig oder nur mit unverhältnismäßig hohen Kosten durchgeführt werden kann und
2. die damit verbundene Beeinträchtigung nicht erheblich ist.

(2) Ist das betroffene Grundstück an das Versorgungs- und Entwässerungsnetz bereits angeschlossen und reichen die vorhandenen Leitungen aus, um die Versorgung oder Entwässerung der beiden Grundstücke durchzuführen, so beschränkt sich die Verpflichtung nach Abs. 1 auf das Dulden des Anschlusses. Im Falle des Anschlusses ist zu den Herstellungskosten des Teils der Leitungen, der nach dem Anschluss mitbenutzt werden soll, ein angemessener Beitrag und auf Verlangen Sicherheit in Höhe des voraussichtlichen Beitrags zu leisten. In solchem Falle darf der Anschluss erst nach Leistung der Sicherheit vorgenommen werden.

(3) Bestehen mehrere Möglichkeiten der Durchführung, so ist die für das betroffene Grundstück schonendste zu wählen.

§ 31
Unterhaltung

(1) Der Berechtigte hat die nach § 30 Abs. 1 verlegten Leitungen oder die nach § 30 Abs. 2 hergestellten Anschlussleitungen auf seine Kosten zu unterhalten. Zu den Unterhaltungskosten der Teile der Leitungen, die von ihm mitbenutzt werden, hat er einen angemessenen Beitrag zu leisten.

(2) Zur Durchführung von Maßnahmen im Sinne des Abs. 1 Satz 1 darf der Berechtigte das betroffene Grundstück betreten.

§ 32
Schadensersatz und Anzeigepflicht

Für die Verpflichtungen zum Schadensersatz und zur Anzeige gelten die §§ 23 bis 25 entsprechend.

§ 33
Nachträgliche erhebliche Beeinträchtigung

(1) Führen die nach § 30 Abs. 1 verlegten Leitungen oder die nach § 30 Abs. 2 hergestellten Anschlussleitungen nachträglich zu einer erheblichen Beeinträchtigung, so können der Eigentümer und die Nutzungsberechtigten des betroffenen Grundstücks von dem Berechtigten verlangen, dass er seine Leitungen beseitigt und die Beseitigung der Teile der Leitungen, die gemeinschaftlich benutzt werden, duldet. Dieses Recht entfällt, wenn der Berechtigte die Beeinträchtigung so herabmindert, dass sie nicht mehr erheblich ist.

(2) Schaden, der durch die Maßnahmen nach Abs. 1 auf dem betroffenen Grundstück entsteht, ist zu ersetzen.

§ 34
Anschlussrecht des Duldungspflichtigen

(1) Der Eigentümer und die Nutzungsberechtigten eines Grundstücks, das gemäß § 30 Abs. 1 in Anspruch genommen ist, sind berechtigt, ihrerseits an die verlegten Leitungen anzuschließen, wenn diese ausreichen, um die Versorgung oder Entwässerung der beiden Grundstücke durchzuführen. § 30 Abs. 2 Satz 2 und § 31 Abs. 1 gelten entsprechend.

(2) Soll ein auf dem betroffenen Grundstück errichtetes oder noch zu erstellendes Gebäude an die Leitungen angeschlossen werden, die der Eigentümer oder die Nutzungsberechtigten des Nachbargrundstücks nach § 30 Abs. 1 durch das Grundstück hindurchführen wollen, so können der Eigentümer und die Nutzungsberechtigten des betroffenen Grundstücks verlangen, dass die Leitungen in einer ihrem Vorhaben Rechnung tragenden und technisch vertretbaren Weise verlegt werden. Die durch dieses Verlangen entstehenden Mehrkosten sind zu erstatten. In Höhe der voraussichtlich erwachsenden Mehrkosten ist auf Verlangen binnen zwei Wochen

Vorschuss zu leisten; der Anspruch nach Satz 1 erlischt, wenn der Vorschuss nicht fristgerecht geleistet wird.

§ 35
Leitungen in öffentlichen Straßen

Die §§ 30 bis 34 gelten nicht für die Verlegung von Leitungen in öffentlichen Straßen und in öffentlichen Grünflächen.

Zehnter Abschnitt
Höherführen von Schornsteinen und Lüftungsschächten

§ 36
Inhalt und Umfang

(1) Der Eigentümer und die Nutzungsberechtigten eines Grundstücks müssen dulden, dass an ihrem Gebäude der Eigentümer und die Nutzungsberechtigten des angrenzenden niederen Gebäudes ihre Schornsteine und Lüftungsschächte befestigen, wenn

1. die Erhöhung der Schornsteine und Lüftungsschächte zur Erzielung der notwendigen Zug- und Saugwirkung erforderlich ist und
2. die Befestigung der höhergeführten Schornsteine und Lüftungsschächte anders nicht zweckmäßig oder nur mit unverhältnismäßig hohen Kosten durchgeführt werden kann.

(2) Der Eigentümer und die Nutzungsberechtigten des betroffenen Grundstücks müssen ferner dulden, dass die höhergeführten Schornsteine und Lüftungsschächte des Nachbargebäudes von ihrem Grundstück aus unterhalten und gereinigt und die hierzu erforderlichen Einrichtungen angebracht werden, wenn diese Maßnahmen anders nicht zweckmäßig oder nur mit unverhältnismäßig hohen Kosten durchgeführt werden können. Sie können aber den Berechtigten darauf verweisen, eine Steigleiter an ihrem Gebäude anzubringen und zu benutzen, wenn diese Lösung technisch zweckmäßig ist.

§ 37
Schadensersatz und Anzeigepflicht

Für die Verpflichtungen zum Schadensersatz und zur Anzeige gelten die §§ 23 bis 25 entsprechend. Die Anzeigepflicht entfällt auch, wenn die nach der Kehrordnung vorgeschriebene Reinigung durchgeführt werden soll.

Elfter Abschnitt
Grenzabstände für Pflanzen

§ 38
Grenzabstände für Bäume, Sträucher und einzelne Rebstöcke

(1) Der Eigentümer und die Nutzungsberechtigten eines Grundstücks haben bei dem Anpflanzen von Bäumen, Sträuchern und einzelnen Rebstöcken von den Nachbargrundstücken – vorbehaltlich des § 40 – folgende Abstände einzuhalten:

1. mit Allee- und Parkbäumen, und zwar
   a) sehr stark wachsenden Allee- und Parkbäumen, insbesondere dem Eschenahorn (Acer negundo), sämtlichen Lindenarten (Tilia), der Platane (Platanus acerifolia), der Rosskastanie (Aesculus hippocastanum), der Rotbuche (Fagus sylvatica), der Stieleiche (Quercus robur), ferner der Atlas- und Libanon-Zeder (Cedrus atlantica u. libani), der Douglasfichte (Pseudotsuga taxifolia), der Eibe (Taxus baccata), der österreichischen Schwarzkiefer (Pinus nigra austriaca) 4 m,
   b) stark wachsenden Allee- und Parkbäumen, insbesondere der Mehlbeere (Sorbus intermedia), der Weißbirke (Betula pendula), der Weißerle (Alnus incana), ferner der Fichte oder Rottanne (Picea abies), der gemeinen Kiefer oder Föhre (Pinus sylvestris), dem abendländischen Lebensbaum (Thuja occidentalis) 2 m,
   c) allen übrigen Allee- und Parkbäumen 1,5 m,
2. mit Obstbäumen, und zwar
   a) Walnusssämlingsbäumen 4 m,
   b) Kernobstbäumen, soweit sie auf stark wachsender Unterlage veredelt sind, sowie Süßkirschenbäumen und veredelten Walnussbäumen 2 m,

c) Kernobstbäumen, soweit sie auf schwach wachsender Unterlage veredelt sind, sowie Steinobstbäumen, ausgenommen die Süßkirschenbäume 1,5 m,

3. mit Ziersträuchern, und zwar
   a) stark wachsenden Ziersträuchern, insbesondere der Alpenrose (Rhododendron-Hybriden), dem Feldahorn (Acer campestre), dem Feuerdorn (Pyracantha coccinea), dem Flieder (Syringa vulgaris), dem Goldglöckchen (Forsythia intermedia), der rotblättrigen Haselnuss (Corylus avellana v. fuscorubra), den stark wachsenden Pfeifensträuchern – falscher Jasmin – (Philadelphus coronarius, satsumanus, zeyheri u. a.), ferner dem Wacholder (Juniperus communis) 1 m,
   b) allen übrigen Ziersträuchern 0,5 m,
4. mit Beerenobststräuchern, und zwar
   a) Brombeersträuchern 1 m,
   b) allen übrigen Beerenobststräuchern 0,5 m,
5. mit einzelnen Rebstöcken 0,5 m.

(2) Abs. 1 gilt auch für wild gewachsene Pflanzen.

§ 39
Grenzabstände für lebende Hecken

(1) Der Eigentümer und die Nutzungsberechtigten eines Grundstücks haben bei dem Anpflanzen lebender Hecken von den Nachbargrundstücken – vorbehaltlich des § 40 – folgende Abstände einzuhalten:

1. mit Hecken über 2 m Höhe 0,75 m,
2. mit Hecken bis zu 2 m Höhe 0,50 m,
3. mit Hecken bis zu 1,2 m Höhe 0,25 m.

(2) Abs. 1 gilt nicht für Hecken, die das öffentliche Recht als Einfriedung vorschreibt.

§ 40
Ausnahmen

(1) Die doppelten Abstände nach den §§ 38 und 39 sind einzuhalten gegenüber Grundstücken, die

1. dem Weinbau dienen,
2. landwirtschaftlich nutzbar sind oder dem Erwerbsgartenbau oder dem Kleingartenbau dienen und im Außenbereich (§ 19 Abs. 1 Nr. 3, § 35 Baugesetzbuch) liegen oder
3. durch Bebauungsplan der landwirtschaftlichen, erwerbsgärtnerischen oder kleingärtnerischen Nutzung vorbehalten sind.

(2) Die §§ 38 und 39 gelten nicht für

1. Anpflanzungen, die hinter einer Wand oder Mauer vorgenommen werden und diese nicht überragen,
2. Anpflanzungen an den Grenzen zu öffentlichen Straßen, zu öffentlichen Grünflächen und zu Gewässern,
3. Anpflanzungen auf öffentlichen Straßen.

(3) § 9 Abs. 3 und 4 des Hessischen Waldgesetzes vom 27. Juni 2013 (GVBl. S. 458) bleibt unberührt.

§ 41
Berechnung des Abstandes

Der Abstand wird von der Mitte des Baumstammes, des Strauches oder des Rebstocks bis zur Grenzlinie gemessen, und zwar an der Stelle, an der der Baum, der Strauch oder der Rebstock aus dem Boden austritt.

§ 42
Grenzabstand im Weinbau

(1) Der Eigentümer und die Nutzungsberechtigten eines dem Weinbau dienenden Grundstücks haben bei dem Anpflanzen von Rebstöcken folgende Abstände einzuhalten:

1. gegenüber den parallel zu den Rebzeilen verlaufenden Grenzen die Hälfte des geringsten Zeilenabstandes, gemessen zwischen den Mittellinien der Rebzeilen, mindestens aber 0,75 m,
2. gegenüber den sonstigen Grenzen, gerechnet von dem äußersten Rebstock oder von der Verankerung, falls eine solche vorhanden ist, 0,5 m.

(2) Übersteigt die Gesamthöhe der Rebanlage 1,8 m (Rebschnittgärten, Weitraumanlage), so beträgt der Abstand nach Abs. 1 Nr. 1 mindestens 1,5 m.

§ 43
Beseitigungsanspruch, Anspruch auf Rückschnitt

(1) Einzelne Bäume, Sträucher und Rebstöcke, die den Grenzabstand nach den §§ 38 und 40, und Hecken, die den Grenzabstand nach § 39 Abs. 1 Nr. 3 und § 40 nicht einhalten, sind auf Verlangen des Nachbarn zu beseitigen. Der Anspruch ist ausgeschlossen, wenn der Nachbar nicht bis zum Ablauf des dritten auf das Anpflanzen oder die Errichtung folgenden Kalenderjahres Klage auf Beseitigung erhoben hat. Bei Bäumen, Sträuchern und Rebstöcken, die zunächst als Heckenbestandteil gezogen wurden, beginnt die Frist zu dem Zeitpunkt, zu dem die Anpflanzung das Erscheinungsbild einer Hecke verliert. Bei wild gewachsenen Pflanzen beginnt die Frist zu dem Zeitpunkt, zu dem das Vorhandensein der Pflanzen für den Nachbarn erkennbar wird.

(2) Hecken, die den Grenzabstand nach § 39 Abs. 1 Nr. 1 und 2 und § 40 nicht einhalten, sind auf Verlangen des Nachbarn auf die zur Einhaltung des Grenzabstandes erforderliche Höhe zurückzuschneiden. Die Verpflichtung zum Rückschnitt muss nur in der Zeit vom 1. Oktober bis zum 15. März erfüllt werden. Für den Anspruch auf Rückschnitt gilt Abs. 1 Satz 2 entsprechend mit der Maßgabe, dass die Frist zu dem Zeitpunkt beginnt, zu dem die Hecke den erforderlichen Abstand unterschreitet.

(3) Werden für die in Abs. 1 Satz 1 genannten Anpflanzungen Ersatzanpflanzungen vorgenommen, so gelten die §§ 38 bis 42. Werden in geschlossenen Obstanlagen einzelne Obstbäume nachgepflanzt, so bleibt der Abstand der anderen Obstbäume maßgebend.

§ 44
Nachträgliche Grenzänderungen

Die Rechtmäßigkeit des Abstandes einer Anpflanzung wird durch nachträgliche Grenzänderungen nicht berührt; jedoch gilt § 43 Abs. 3 entsprechend.

Zwölfter Abschnitt
Anwendungsbereich des Gesetzes

§ 45

Die §§ 1 bis 44 gelten nur, soweit öffentlich-rechtliche Vorschriften nicht entgegenstehen oder die Beteiligten nichts anderes vereinbaren.

Dreizehnter Abschnitt
Schlussbestimmungen

§ 46 (Übergangsvorschriften)

§ 47 (Änderung des Hessischen Wassergesetzes)

§ 48 (Außerkrafttreten von Vorschriften)

§ 49
Inkrafttreten, Außerkrafttreten

Dieses Gesetz tritt am 1. November 1962 in Kraft. Es tritt mit Ablauf des 31. Dezember 2022 außer Kraft.

Anhang 3
Gesetz zur Regelung der außergerichtlichen Streitschlichtung

vom 6. Februar 2001 (GVBl. I S. 98), geändert durch Gesetze vom 31. Oktober 2001 (GVBl. I S. 434), vom 1. Dezember 2005 (GVBl. I S. 782), vom 26. März 2010 (GVBl. I S. 114), vom 22. November 2010 (GVBl. I S. 403), vom 13. Dezember 2012 (GVBl. S. 622), vom 22. August 2018 (GVBl. S. 362)

Erster Abschnitt
Allgemeine Vorschriften

§ 1
Sachlicher Anwendungsbereich

(1) Die Erhebung einer Klage vor Gerichten der ordentlichen Gerichtsbarkeit ist erst zulässig, nachdem von einer in § 3 genannten Gütestelle versucht worden ist, die Streitigkeit einvernehmlich beizulegen,

1. in Streitigkeiten über Ansprüche wegen
   a) der in § 906 des Bürgerlichen Gesetzbuches geregelten Einwirkungen, sofern es sich nicht um Einwirkungen eines gewerblichen Betriebs handelt,
   b) Überwuchses nach § 910 des Bürgerlichen Gesetzbuches,
   c) Hinüberfalls nach § 911 des Bürgerlichen Gesetzbuches,
   d) eines Grenzbaums nach § 923 des Bürgerlichen Gesetzbuches,
   e) der im Hessischen Nachbarrechtsgesetz vom 24. September 1962 (GVBl. I S. 417), zuletzt geändert durch Gesetz vom 28. September 2014 (GVBl. S. 218), geregelten Nachbarrechte, sofern es sich nicht um Einwirkungen eines gewerblichen Betriebs handelt,
2. in Streitigkeiten über Ansprüche wegen Verletzungen der persönlichen Ehre, die nicht in Presse oder Rundfunk begangen worden sind.

(2) Abs. 1 findet keine Anwendung auf

1. Klagen nach §§ 323, 324, 328 der Zivilprozessordnung, Widerklagen und Klagen, die binnen einer gesetzlichen oder gerichtlich angeordneten Frist zu erheben sind,
2. Streitigkeiten in Familiensachen,
3. Wiederaufnahmeverfahren,
4. Ansprüche, die im Urkunden- oder Wechselprozess geltend gemacht werden,
5. die Durchführung des streitigen Verfahrens, wenn ein Anspruch im Mahnverfahren geltend gemacht worden ist,
6. Klagen wegen vollstreckungsrechtlicher Maßnahmen, insbesondere nach dem Achten Buch der Zivilprozessordnung,
7. Klagen, die auf Duldung gerichtet und im Gewerbebetrieb der klagenden Partei begründet sind,
8. Anträge, die im Adhäsionsverfahren (§ 403 der Strafprozessordnung) gestellt werden,
9. Klagen, für die nach anderen Vorschriften ein obligatorisches Vorverfahren angeordnet ist.

§ 2
Räumlicher Anwendungsbereich

Ein Einigungsversuch nach § 1 Abs. 1 ist nur erforderlich, wenn die Parteien in Hessen wohnen oder ihren Sitz oder eine Niederlassung haben.

§ 3
Sachliche Zuständigkeit

(1) Das Schlichtungsverfahren nach diesem Gesetz führt das Schiedsamt oder eine andere von der Landesjustizverwaltung eingerichtete oder anerkannte Gütestelle nach Maßgabe der jeweils für sie geltenden Verfahrensordnung durch (obligatorische Streitschlichtung).

(2) Das Erfordernis eines Einigungsversuchs vor dieser Stelle entfällt, wenn die Parteien einvernehmlich versucht haben, ihren Streit vor einer sonstigen Gütestelle, die Streitbeilegung betreibt, beizulegen (fakultative Streit-

schlichtung). Die Aufgaben der sonstigen Gütestellen können auch von den Mitgliedern der Rechtsanwalts- und Notarkammern wahrgenommen werden.

(3) Im Rahmen der fakultativen Streitschlichtung sind die Mitglieder der Notarkammern befugt, eidesstattliche Versicherungen entgegenzunehmen und formbedürftige Erklärungen zu protokollieren.

§ 4
Örtliche Zuständigkeit

Das Schlichtungsverfahren ist bei der Gütestelle einzuleiten, in deren Bezirk die Gegenpartei wohnt. Bei Streitigkeiten über Ansprüche aus Miet- und Pachtverhältnissen über Räume ist die Gütestelle ausschließlich zuständig, in deren Bezirk sich die Räume befinden.

§ 5
Erfolglosigkeitsbescheinigung

(1) Über einen ohne Erfolg durchgeführten Schlichtungsversuch ist den Parteien von der anerkannten Gütestelle eine Bescheinigung zu erteilen. Die Bescheinigung ist auf Antrag auch auszustellen, wenn binnen einer Frist von drei Monaten das Einigungsverfahren nicht durchgeführt worden ist.

(2) Die Bescheinigung muss enthalten

1. Name und Anschrift der Parteien,

2. Angaben über den Gegenstand des Streites, insbesondere die Anträge.

Außerdem sollen Beginn und Ende des Verfahrens vermerkt werden.

(3) Das Scheitern einer Streitschlichtung vor einer sonstigen Gütestelle ist durch eine Bescheinigung nachzuweisen, die den Anforderungen des Abs. 2 entspricht.

Zweiter Abschnitt
Einrichtung und Anerkennung von Gütestellen

§ 6
Gütestellen und Schiedsämter

(1) Als Gütestelle im Sinne des § 794 Abs. 1 Nr. 1 der Zivilprozessordnung können juristische Personen oder bei diesen bestehende Stellen eingerichtet oder anerkannt werden. Auch natürliche Personen können als Gütestellen anerkannt werden.

(2) Schiedsämter im Sinne des Hessischen Schiedsamtsgesetzes vom 23. März 1994 (GVBl. I S. 148), zuletzt geändert durch Gesetz vom 22. August 2018 (GVBl. S. 362), stehen den von der Landesjustizverwaltung anerkannten Gütestellen gleich.

§ 7
Aufgaben

Aufgabe der Gütestelle ist es, die außergerichtliche Streitbeilegung zu fördern und die Inanspruchnahme der Gerichte in geeigneten Fällen entbehrlich zu machen. Ihr obliegt die einvernehmliche Streitbeilegung nach § 1.

§ 8
Persönliche Voraussetzungen

(1) Natürliche Personen können als Gütestellen anerkannt werden, wenn sie nach ihrer Persönlichkeit und ihren Fähigkeiten für das Amt geeignet sind und sich verpflichtet haben, die Schlichtung als dauerhafte Aufgabe zu betreiben.

(2) Nicht anerkannt werden kann, wer

1. die Fähigkeit zur Bekleidung öffentlicher Ämter nicht besitzt,
2. unter Betreuung steht,
3. durch sonstige, nicht unter Nr. 2 fallende gerichtliche Anordnungen in der Verfügung über sein Vermögen beschränkt ist.

(3) Juristische Personen oder deren Einrichtungen können als Gütestellen anerkannt werden, wenn gewährleistet ist, dass die von ihnen bestellte

Schlichtungsperson die Voraussetzungen der Abs. 1 und 2 erfüllt. Es muss darüber hinaus gewährleistet sein, dass die Schlichtungsperson im Rahmen ihrer Schlichtungstätigkeit unabhängig und an Weisungen nicht gebunden ist. Die Bestellung als Schlichtungsperson muss für einen Zeitraum von mindestens drei Jahren erfolgen. Eine Abberufung darf nur stattfinden, wenn Tatsachen vorliegen, die eine unabhängige Erledigung der Schlichtertätigkeit nicht mehr erwarten lassen.

§ 9
Schlichtungsordnung

(1) Die Gütestelle bedarf einer Schlichtungsordnung. Diese muss den Parteien des Schlichtungsverfahrens zugänglich sein.

(2) Die Schlichtungsordnung muss vorsehen, dass

1. die Schlichtungsperson die Schlichtungstätigkeit nicht ausüben darf
   a) in Angelegenheiten, in denen sie selbst Partei ist oder in denen sie zu einer Partei in dem Verhältnis einer Mitberechtigten, Mitverpflichteten oder Regresspflichtigen steht,
   b) in Angelegenheiten ihrer Ehegattin, ihres Ehegatten, ihrer Lebenspartnerin, ihres Lebenspartners, ihrer Verlobten oder ihres Verlobten, auch wenn die Ehe, Lebenspartnerschaft oder das Verlöbnis nicht mehr besteht,
   c) in Angelegenheiten einer Person, mit der sie in gerader Linie verwandt, verschwägert, in der Seitenlinie bis zum dritten Grade verwandt oder bis zum zweiten Grade verschwägert ist, auch wenn die Ehe, durch die die Schwägerschaft begründet ist, nicht mehr besteht,
   d) in Angelegenheiten, in denen sie als Prozessbevollmächtigte oder Beistand einer Partei bestellt oder als gesetzliche Vertreterin einer Partei aufzutreten berechtigt ist oder war,
   e) in Angelegenheiten einer Person, bei der sie gegen Entgelt beschäftigt oder bei der sie als Mitglied des Vorstandes, des Aufsichtsrates oder eines gleichartigen Organs tätig ist oder war,
2. die am Schlichtungsverfahren beteiligten Parteien Gelegenheit erhalten, selbst oder durch von ihnen beauftragte Personen Tatsachen und Rechtsansichten vorzubringen und sich zu dem Vortrag der Gegenseite zu äußern.

§ 10
Haftpflichtversicherung

(1) Soweit die Gütestelle nicht von einer öffentlich-rechtlichen Körperschaft oder Anstalt getragen wird, muss eine Haftpflichtversicherung für Vermögensschäden bestehen und die Versicherung während der Dauer der Anerkennung als Gütestelle aufrechterhalten bleiben. Die Versicherung muss bei einem im Inland zum Geschäftsbetrieb befugten Versicherungsunternehmen zu den nach Maßgabe des Versicherungsaufsichtsgesetzes vom 1. April 2015 (BGBl. I S. 434), zuletzt geändert durch Gesetz vom 17. August 2017 (BGBl. I S. 3214), eingereichten Allgemeinen Versicherungsbedingungen aufgenommen werden und sich auf solche Vermögensschäden erstrecken, für die die Gütestelle nach § 278 oder § 831 des Bürgerlichen Gesetzbuches einzustehen hat.

(2) Der Versicherungsvertrag hat Versicherungsschutz für jede einzelne Pflichtverletzung zu gewähren, die gesetzliche Haftpflichtansprüche privatrechtlichen Inhalts gegen die Gütestelle zur Folge haben könnte.

(3) Die Mindestversicherungssumme beträgt zweihundertfünfzigtausend Euro für jeden Versicherungsfall. Die Leistungen des Versicherers für alle innerhalb eines Versicherungsjahres verursachten Schäden können auf den vierfachen Betrag der Mindestversicherungssumme begrenzt werden.

(4) Die Vereinbarung eines Selbstbehalts bis zu 1 vom Hundert der Mindestversicherungssumme ist zulässig.

(5) Im Versicherungsvertrag ist der Versicherer zu verpflichten, der für die Anerkennung von Gütestellen zuständigen Stelle den Beginn und die Beendigung oder Kündigung des Versicherungsvertrages sowie jede Änderung, die den vorgeschriebenen Versicherungsschutz beeinträchtigt, unverzüglich mitzuteilen.

(6) Zuständige Stelle im Sinne des § 117 Abs. 2 Satz 1 des Versicherungsvertragsgesetzes vom 23. November 2007 (BGBl. I S. 2631), zuletzt geändert durch Gesetz vom 17. August 2017 (BGBl. I S. 3214), ist die für die Anerkennung als Gütestelle zuständige Stelle.

§ 11
Aktenführung

(1) Die Gütestelle hat durch Anlegung von Handakten einen geordneten Überblick über die von ihr entfaltete Tätigkeit zu ermöglichen. In diesen Akten sind insbesondere zu dokumentieren

1. der Zeitpunkt der Anbringung eines Güteantrags bei der Gütestelle, weiterer Verfahrenshandlungen der Parteien und der Gütestelle sowie der Beendigung des Güteverfahrens,
2. der Inhalt eines zwischen den Parteien geschlossenen Vergleichs.

(2) Die Gütestelle hat die Akten auf die Dauer von fünf Jahren nach Beendigung des Verfahrens aufzubewahren.

(3) Innerhalb des in Abs. 2 genannten Zeitraums können die Parteien von der Gütestelle gegen Kostenerstattung beglaubigte Ablichtungen der Handakten und Ausfertigungen geschlossener Vergleiche verlangen.

(4) Zur Überprüfung der Geschäftsführung sind die Akten auf Verlangen der nach § 13 Abs. 1 zuständigen Behörde vorzulegen.

§ 12
Rücknahme und Widerruf der Anerkennung

(1) Die Anerkennung als Gütestelle ist mit Wirkung für die Zukunft zurückzunehmen, wenn nachträglich Tatsachen bekannt werden, bei deren Kenntnis die Zulassung hätte versagt werden müssen.

(2) Die Anerkennung ist zu widerrufen, wenn

1. die Schiedsperson nicht mehr die persönlichen Voraussetzungen des § 8 erfüllt,
2. die Schlichtungsordnung nicht mehr den Anforderungen des § 9 entspricht,
3. die erforderliche Haftpflichtversicherung (§ 10) nicht mehr besteht,
4. die Gütestelle auf die Rechte aus ihrer Anerkennung gegenüber der für die Anerkennung zuständigen Behörde schriftlich verzichtet hat.

§ 13
Zuständigkeit, Gebühren und Verfahren

(1) Zuständige Behörde für die Anerkennung sowie die Rücknahme und den Widerruf der Anerkennung als Gütestelle ist das Oberlandesgericht als Verwaltungsbehörde.

(2) Die Anträge sind schriftlich zu stellen. Die Schlichtungsordnung ist beizufügen.

(3) Für die Anerkennung als Gütestelle wird eine Gebühr in Höhe von 125 Euro erhoben. Wird der Antrag auf Anerkennung abgelehnt oder wird dieser zurückgenommen, so beträgt die Gebühr 25 Euro.

(4) Wird eine andere Schlichtungsperson tätig oder die Schlichtungsordnung geändert, so ist dies der nach Abs. 1 zuständigen Behörde unverzüglich anzuzeigen.

(5) Die Anerkennung als Gütestelle sowie die Rücknahme oder der Widerruf der Anerkennung sind öffentlich bekannt zu machen. Die nach Abs. 1 zuständige Behörde führt eine Liste der in ihrem Bezirk anerkannten Gütestellen. Die hierfür erforderlichen Daten dürfen erhoben und gespeichert werden. Die erstellten Listen dürfen in automatisierte Abrufverfahren eingestellt werden.

§ 14
Anfechtung von Entscheidungen

Über die Rechtmäßigkeit von Anordnungen, Verfügungen oder sonstigen Maßnahmen nach diesem Abschnitt entscheiden auf Antrag die ordentlichen Gerichte. Die §§ 23 bis 30a des Einführungsgesetzes zum Gerichtsverfassungsgesetz in der im Bundesgesetzblatt Teil III, Gliederungsnummer 300-1, veröffentlichten bereinigten Fassung, zuletzt geändert durch Gesetz vom 8. Oktober 2017 (BGBl. I S. 3546), gelten mit der Maßgabe, dass ein Vorverfahren nach § 24 Abs. 2 nicht stattfindet.

§ 15
Bestehende Gütestellen

Dieser Abschnitt findet auf die zum Zeitpunkt seines In-Kraft-Tretens bereits anerkannten Gütestellen mit der Maßgabe Anwendung, dass es einer erneuten Anerkennung nach § 6 nicht bedarf.

Dritter Abschnitt
Geltungsdauer

§ 16
In-Kraft-Treten, Außer-Kraft-Treten

Dieses Gesetz tritt am Tage nach seiner Verkündung in Kraft. Es tritt mit Ablauf des 31. Dezember 2025 außer Kraft.

Sachregister